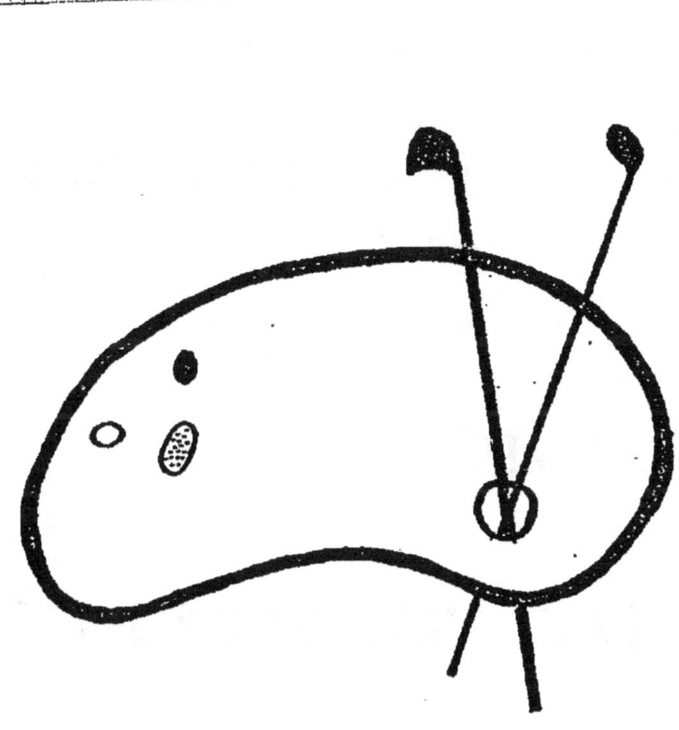

DEBUT D'UNE SERIE DE DOCUMENTS
EN COULEUR

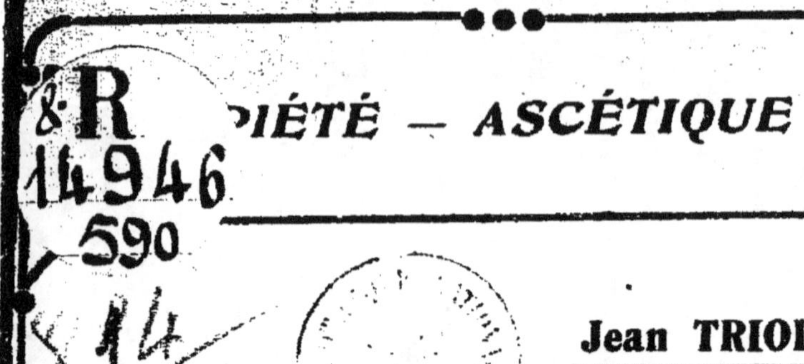

Jean TRIOLLET

Examen

de conscience

BLOUD & Cie

S. et R. 590

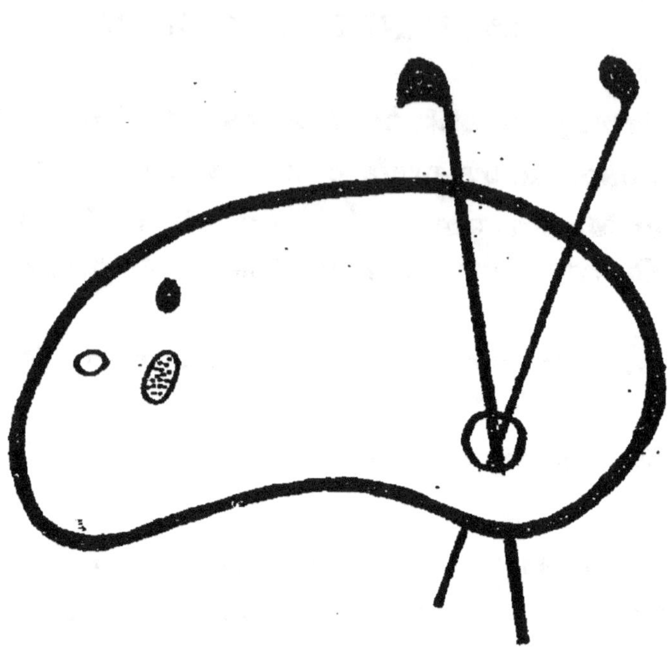

FIN D'UNE SERIE DE DOCUMENTS
EN COULEUR

Examen de Conscience

Traduit de l'Italien

PAR

Jean TRIOLLET

*Bienheureux les purs de cœur
parce qu'ils verront Dieu.*
(MATTH., V, 8.)

PARIS

LIBRAIRIE BLOUD ET Cᵗᵉ

7, PLACE SAINT-SULPICE, 7

1 ET 3, RUE FÉROU — 6, RUE DU CANIVET

1911

Reproduction et traduction interdites.

DE LA MÊME COLLECTION

Saint Augustin. — Les Confessions, Traduction d'Arnauld d'Andilly. Introduction et notes par Victor Giraud, professeur à l'Université de Fribourg (*549-550*). 2 vol.............................. 1 fr. 20

Bossuet. — Pensées chrétiennes et morales, par V. Giraud (*390*)............................ 1 vol.

Bossuet. — Traité de la Concupiscence, par André Pératé, édition revue sur les meilleurs textes, avec une introduction et des notes (*485*)........... 1 vol.

Fonsegrive (George). — **La Prière des chrétiens « Le Pater »** (*492*)................................. 1 vol.

Gerson. — Traité du devoir de conduire les Enfants à Jésus-Christ, Traduction par A. Saubin (*531*). 1 vol.

Guibert (J.), Supérieur du séminaire de l'Institut catholique de Paris. — **Les Qualités de l'Educateur** (*108*)................................... 1 vol.

Du même auteur. — **La Formation de la Volonté** (*195*)... 1 vol.

Laberthonnière (L.), Directeur des *Annales de philosophie chrétienne.* — **Théorie de l'Education** (*149*).. 1 vol.

Comment il faut prier, par Alice Martin (*565-566*).
1 vol.

A MA CHÈRE GRAND'MÈRE

L'*Examen de Conscience* dont nous publions ici la traduction française fait partie d'un livre de lectures et de prières chrétiennes édité en italien sous ce titre : **Adveniat regnum tuum,** par la *Société de Saint Jérôme* (1) avec le double *imprimatur* du R. P. LEPIDI, O. P. Maître du Sacré-Palais, et de Mgr CEPPETELLI, Patriarche romain de Constantinople.

(1) **Adveniat regnum tuum,** *letture e preghiere cristiane,* 550 p. in-13. *Pia Società die S. Girolamo* per la diffusione dei santi Vangeli, Roma, 32 via della Sapienza ; Milano, 3 via Commenda ; Palermo, Arcivescovado, 1 fr. 50. Deux autres volumes ont paru : *Rituale del cristiano, L'Anno cristiano ;* un quatrième est en préparation : *La vita cristiana.*

Et s'étant approché, un scribe lui demanda : « Quel est de tous le premier commandement ? » Jésus répondit : « Le premier, c'est : « écoute Israël, le Seigneur notre Dieu est le seul Seigneur ; et tu aimeras le Seigneur ton Dieu de tout ton cœur, de toute ton âme, de tout ton esprit, de toute ta force. » Et voici le second : tu aimeras ton prochain comme toi-même. » De plus grand commandement que ceux-là, il n'en est point d'autre. » Et le scribe lui dit : « Bien, Maître, tu as dit avec raison qu'Il est unique, et qu'il n'y en a pas d'autre que Lui ; et L'aimer de tout son cœur, de toute son intelligence, de toute sa force, et aimer son prochain comme soi-même vaut mieux que tous les holocaustes et sacrifices. » Et Jésus voyant qu'il avait répondu sagement lui dit : « Tu n'es pas loin du royaume de Dieu. »

(MARC, XII, 28-34.)

AVANT-PROPOS

> *Quand j'aurais la science de toutes choses, et la plénitude de la foi, jusqu'à transporter les montagnes, si je n'ai point d'amour, je ne suis rien.*
>
> *Et quand j'aurais distribué tous mes biens, et livré mon corps pour être brûlé, si je n'ai point d'amour, il ne me sert de rien.*
>
> (I Cor., XIII, 2-3.)

C'est une grande illusion de croire qu'il suffise, pour satisfaire à la loi morale, de faire les choses qu'on appelle bonnes et d'éviter les choses qu'on appelle mauvaises : l'on peut faire des choses bonnes sans du tout être bon ; et l'on peut être mauvais sans jamais faire, à proprement parler, le mal ; car le bien et le mal ne consistent pas tant dans les actes eux-mêmes que dans les états d'âme dont les actes sont l'expression.

Aussi est-il nécessaire à qui veut éclairer vraiment sa conscience de ne s'en point tenir à l'examen de ses actes, mais d'aller rechercher sous ses actes l'intention qui les commandait, et, derrière ce qu'il a fait, ou n'a pas fait, de bien ou de mal, l'état d'âme qui tendait à se manifester.

C'est pour aider à cette enquête qu'a été composé le questionnaire dont on donne ici la traduction. Il n'est point destiné à préparer la confession. On s'y est moins proposé de dresser une liste de péchés que de porter la lumière dans ces mille replis de la conscience où le bien et le mal s'élaborent obscurément.

Mais peut-être, à le lire, s'avisera-t-on qu'on commet bien souvent, sans jamais y songer, des fautes plus graves, et de combien ! que celles dont on s'accuse avec le plus de componction : tant de coutumes faciles et de préjugés commodes s'accordent à nous ôter le clair discernement du juste et de l'injuste.

On voudrait du moins que ceux qui le pratiqueront pussent tirer de ce petit livre des thèmes de méditation qui fissent pénétrer l'examen jusque dans la trame de leur vie. Non pas, et il s'en faut, qu'on les invite ici, se repliant sur eux-mêmes, à faire porter tout leur effort sur la considération de leurs méfaits. Mais il est bon néanmoins, pour se tenir toujours en état d'y parer, de connaître ses manques et de se rappeler ses faibles : *quoniam iniquitatem meam ego cognosco, et peccatum meum contra me est semper.*

Toutefois, ce que l'on se propose d'abord, c'est d'éveiller de leur sommeil ceux qui se tiennent contents d'accomplir à la lettre les préceptes de la loi; c'est de rallumer en eux l'esprit qu'ils ont laissé s'éteindre, et sans lequel pourtant il n'est si stricte observance, ni pratique si minutieuse, ni conduite si délicate, qui ne demeure entièrement vaine.

Car la notion même de moralité implique une *inquiétude :* inlassable tourment du mieux-être, insatiable appétit d'une perfection toujours à venir, d'un idéal qui s'élève à raison même des efforts qu'on met à monter vers lui. A aucun moment d'une vie d'homme on ne peut dire qu'elle soit réalisée : on ne la possède qu'autant qu'on la cherche; qui croit l'avoir atteinte, elle lui échappe, et qui se flatte de s'y établir, en est par là-même chassé. « O Dieu, disait le pharisien de la parabole évangélique, je te rends grâces de ce que je ne suis pas comme le reste des hommes qui sont voleurs, injustes et adultères. » Et ainsi, quoiqu'il ne fût en effet ni voleur, ni injuste, ni adultère, il se plaçait au-dessous de ce pécheur qui se battait la poitrine en disant : « Aie pitié de moi, mon Dieu, parce que je suis un pécheur. »

Voilà pourquoi Jésus put dire un jour aux princes des prêtres et aux anciens du peuple qu'en vérité les publicains et les prostituées seraient avant eux dans le royaume de Dieu. Ceux-là se croyaient quittes envers Dieu parce qu'ils observaient la Loi jusqu'à payer la dîme de la menthe et du cumin. Que venait-on leur parler de pénitence ? Ils étaient la race d'Abraham. Ceux-ci sentaient leur déchéance, et du fond de leur abjection montait, comme un parfum d'encens, leur espoir de renouveau. Vînt le souffle d'en haut, la mèche encore fumante laissait jaillir la flamme. Les autres ne savaient pas, occupés qu'ils étaient de filtrer les moucherons, que leur lampe était froide, et leur huile séchée.

Il n'y a pas de code, fût-il de Dieu lui-même, dont ce soit assez que d'accomplir la lettre. Il n'est point ici-bas de demeure permanente où nous puissions trouver un jour le repos : mal gré que nous en ayons, chacun de nous conserve au plus intime de son être une invincible tendance à se faire le centre du tout ; et si, comme le disait Pascal, la pente vers soi est le commencement de tout désordre, il nous est donc impossible d'extirper jamais de notre cœur la plus profonde racine, et la plus vivace, de l'immoralité.

C'est pourquoi la moralité n'est pas une *chose* qu'on acquière une fois pour toutes : mais plutôt un *esprit*, qui, dès là qu'on manque à l'attiser, s'éteint. Elle est la confiance qu'une réalité existe, infiniment plus vaste que notre être chétif, et plus solide, à laquelle il faut l'ouvrir, sur laquelle il faut l'appuyer, si nous voulons qu'il ait la vie plus abondante à laquelle il aspire. Elle est la volonté persistante de se détourner de soi pour se retourner vers l'idéal. Elle est l'effort incessant d'éviter ce qui nous en éloigne et d'accomplir ce qui nous en approche.

C'est ainsi qu'elle implique un devoir envers Dieu, un devoir envers les êtres de ce monde, et un devoir envers soi-même. Et ces trois sont un ; et c'est s'attaquer à une tâche impossible que de s'essayer à les dissocier ; car ils s'impliquent l'un l'autre, étant les trois aspects solidaires de l'unique commandement qui est le principe et la fin de tous les autres : *tu aimeras*.

Celui qui se retire à l'écart pour jouir de Dieu dans le secret de son cœur, ou garder son âme des souillures de ce monde, se trompe lui-même et se perd : car Dieu ne se donne point à qui n'aime pas ses frères, et il n'est pire souillure, et plus irréparable, que l'égoïsme. Mais aussi celui qui va vers les autres sans s'efforcer de se rendre meilleur, et sans les orienter vers l'infinité de la vie, les frustre et les égare : car il ne peut rien pour eux, s'il n'a pas à leur offrir un don qui surpasse leur rêve.

J'ai retenu ce mot naïf d'une des âmes les plus droites et les plus délicates qu'il m'ait été donné de connaître et d'aimer : « Moi, je ne crois pas du tout à la morale ; je crois seulement aux autres, mais de toutes mes forces. » Comme si c'était là deux choses opposées ! comme si l'on pouvait croire aux autres, — j'entends jusqu'à se donner à tâche de les aider, de les élever, — sans souci de la morale ; qui plus est, sans souci de la sainteté ; la *sainteté*, c'est-à-dire, s'il m'est permis d'emprunter la belle formule de Jules Lagneau, « l'égoïsme assujetti et pacifié, la nature assouplie jusqu'au fond par un vouloir supérieur, surnaturel, l'empire de l'esprit manifesté dans un homme. » Comme si la morale, en sa perfection, n'était pas précisément la foi aux autres, la foi vivante aux autres, en sa plénitude, dont le nom est *l'amour* ; l'amour qui veut pour ce qu'il aime, le plus grand bien qui puisse être, et qui pour lui en faire don, se dépense sans compter ni rien retenir pour soi, l'amour qui ne se sent pas vrai tant qu'il ne s'incarne pas dans un service ; et qui pour mieux servir se veut toujours plus fort, toujours plus beau, toujours plus pur. *Mieux servir*, toute la moralité est enfermée dans ces deux simples mots ; et c'est pourquoi elle a son modèle accompli dans la personne de ce Jésus dont il est dit qu'il est venu en ce monde pour servir.

Jean TRIOLLET.

Loctudy, ce 12 septembre 1910.

EXAMEN DE CONSCIENCE

I. — Devoirs envers Dieu.

L'esprit religieux.

— Est-ce que je néglige, comme secondaires ou superflus pour la vie, les plus grands des problèmes, ceux de notre origine et de notre destinée ?

— Est-ce que je néglige, si je ne l'ai pas, de chercher la foi ?

— Et si je l'ai, cherché-je à la raffermir, à la purifier et à l'élever toujours davantage, — en m'instruisant ? — en vivant de manière à mériter un surcroît de lumière et de vie intérieure ? — à mériter une notion de Dieu toujours plus haute et plus pure — un accroissement d'amour de lui, qui me donne pouvoir d'obéir au précepte : *tu aimeras par-dessus toute chose le Seigneur ton Dieu* ?

— Est-ce que je cherche à affermir ma foi pour la mettre à l'abri d'une fausse science, de basses moqueries, ou des tentations de la vie et du monde ?

— Me suis-je muni, pour autant qu'il m'a été donné, des moyens nécessaires à pouvoir la défendre efficacement — et à aider les autres à la trouver, ou à progresser en elle ?

— Ma religion est-elle une piété égoïste ? — ou si j'obéis au précepte qui appelle tout croyant à l'apostolat — si humbles qu'en soient les formes — pour travailler à l'avènement du règne de Dieu ?

— Est-ce que je cherche par-dessus tout à annoncer Dieu par la bonté, par l'amour qui le révèle aux plus éloignés ? — à rendre témoignage à la vérité par l'exemple de ma vie ?

— Ou si je rapetisse la religion en la réduisant à n'être qu'une croyance mesquine et vide ?

— Est-ce que je la profane par l'hypocrisie? — ou par une piété superficielle, qui, de la prière et des sacrements ne tire aucun fruit de vertu?

— Est-ce que je l'altère par la superstition?

— Est-ce que je lui désobéis par un zèle mal entendu, en négligeant, sous prétexte de culte, des devoirs que leur importance et leur urgence doivent faire passer d'abord?

— Est-ce que je la lèse en la mêlant ou en la confondant avec des ambitions terrestres? — avec des vanités? — avec des intérêts matériels?

— Est-ce que je la calomnie par l'intolérance? — par l'esprit de division? — de parti? — d'indifférence? — de sévérité âpre et sèche? — en voulant fixer des limites à la miséricorde de Dieu, ou prévenir ses jugements?

— Est-ce que je la renie, en manquant de charité, d'amour sans conditions?

— Est-ce que je la trahis par de pharisaïques accommodements de conscience? — par des œuvres qui vont à l'encontre de la foi? — en la faisant paraître complaisante à des interprétations commodes de la doctrine du Christ?

— Est-ce que je la blesse et m'abaisse moi-même par le respect humain?

— Est-ce que je me laisse conduire à transiger avec le monde, à *servir deux maîtres*, à rendre timide, incertaine, incohérente ma profession de chrétien?

— Puis-je vraiment, en face du Christ, m'appeler *un fidèle*?

— Est-ce que je blasphème? — est-ce que je maugrée ou murmure contre Dieu?

— Est-ce que je désespère de lui? — de son aide? — de ses miséricordes?

— Est-ce que je lui attribue les maladies, les malheurs, les souffrances qui viennent de nos fautes et de nos imprévoyances, ou de celles des autres?

— Dans la perte de ceux qui me sont chers, ou dans quelque adversité que ce soit, est-ce que je me rebelle, faute de penser que les voies de Dieu sont justes et sages, tout impénétrables qu'elles soient?

— Est-ce que je cherche à m'élever à la plus parfaite conformité possible à la volonté de Dieu ? — à une confiance sans bornes en lui?

— En tout ce que je fais, est-ce que je me rappelle que nous devons tout subordonner à Dieu ; et en tout travail, en toute lutte, en tout effort, penser à la nécessité d'être aidé de lui?

Prière et culte.

— Est-ce que je réfléchis à la position de l'homme devant Dieu — de la créature devant le Créateur — du pécheur devant l'Etre parfait?

— Est-ce que je prie avec sincérité et bonne volonté ? — ou sans l'intime assentiment de la conscience, de l'esprit, du cœur, de la volonté ?

— Suis-je en garde contre les ferveurs superficielles, partielles, artificielles?

— Ma prière est-elle une prière égoïste, bornée à moi et aux miens — qui oublie la fraternité chrétienne, le devoir de la prière *universelle,* comme était celle de nos pères dans la foi, et comme reste toujours celle de l'Eglise?

— Est-ce que je réduis la prière et les pratiques du culte à n'être que des requêtes et des offrandes utilitaires, au lieu de désirer et de demander d'abord les secours spirituels, le règne de Dieu et sa justice?

— Est-ce que j'oublie trop souvent l'action de grâces due à Dieu pour ses bienfaits ?

— Est-ce que je me refuse à le remercier même pour les épreuves qu'il nous envoie dans sa sagesse infinie, et qui sont souvent de ses plus grands bienfaits?

— Est-ce que je fais preuve, à l'église, par ma tenue, par mon maintien, du respect dû au temple de Dieu?

— Est-ce que je m'y laisse aller à des distractions volontaires? — est-ce que j'y tiens des propos inutiles?

— Est-ce que je néglige de concourir, selon mes moyens, à la beauté du temple de Dieu?

— Est-ce que je néglige de fréquenter les sacrements, cet intime moyen d'union à Dieu et de perfectionnement?

— Est-ce que je demeure en état de péché grave sans recourir promptement au sacrement de pénitence?

— Est-ce que je me confesse avec une sincérité complète? — sans omission volontaire, sans réticences, sans paroles destinées à tromper ou à atténuer?

— Est-ce que je me confesse avec le repentir et le bon propos, sans lesquels le sacrement n'est pas valide?

— Est-ce que je cherche à faire croître en moi la haine du mal? — le désir de l'expiation? — du renouvellement?

— Est-ce que je m'approche de l'autel avec la conscience préparée? — avec le respect dû à l'auguste mystère?

— Est-ce que j'assume la charge de parrain (de marraine) sans penser aux devoirs moraux qu'elle implique? — ou est-ce que je néglige de les accomplir?

— Est-ce que je fais faire aux enfants leur première Communion sans l'instruction nécessaire et la préparation intime — sans le sérieux et la dignité voulus?

— Est-ce que je la fais profaner en l'accompagnant de vaines faveurs, de vains cadeaux ou de plaisirs frivoles?

— Est-ce que j'embrasse — ou pousse d'autres hommes à embrasser l'état ecclésiastique ou monastique, sans la certitude d'une vraie vocation?

— Ai-je contracté, — ou me disposé-je à contracter mariage en omettant le rite qui en rend l'union valide devant Dieu et devant les chrétiens; qui par la vertu du sacrement confère au mariage et à la famille le caractère chrétien, et donne la force d'accomplir les devoirs de l'état conjugal?

— Est-ce que je fais outrage ou tort à la religion, en disant, en écrivant, en dessinant, en représentant, en vendant, en autorisant des choses deshonnêtes?

— Est-ce que j'encourage ces pratiques en approuvant ceux qui le font, — ou en profitant d'eux?

L'Eglise et ses préceptes.

— Est-ce que je respecte la divine autorité de l'Eglise, et ceux qui la représentent?

— Est-ce que je néglige d'accomplir les préceptes de l'Eglise ?

— Est-ce que je les néglige par intérêt ? — par intempérance ? — par convoitise ? — par paresse ? — par égards exagérés pour ma santé — égards que je n'ai pas peut-être, quand il s'agit d'autrui ? — pour ne pas renoncer à un divertissement ou à une occupation qui n'est pas un devoir ? — par indifférence ? — par mépris ? — par respect humain ? — par affection ? — par obéissance ? — par complaisance ? — par égards mal entendus ?

— Est-ce que j'y fais manquer autrui ?

— Si je ne puis me rendre à l'église, est-ce que je cherche à y suppléer par des prières et des lectures faites à la maison ?

— Si je ne puis satisfaire aux préceptes de l'abstinence et du jeûne, est-ce que j'y supplée par quelque autre œuvre de pénitence, ou par l'aumône ?

— Est-ce que je donne des bals, des banquets, etc., en temps de Carême — ou est-ce que j'y prends part ?

— Est-ce que je manque au précepte divin — qui est aussi un devoir social — du repos dominical ?

— Est-ce que j'y manque pour mon compte ? — est-ce que j'y fais manquer autrui ?

— Est-ce que j'y incite ceux qui dépendent de moi ?

— Est-ce que j'y manque en faisant travailler sans nécessité, — ou en le permettant, — un jour de fête, ou en exigeant des travaux pressés au jour fixé ?

— Est-ce que j'y encourage, en achetant chez eux, les commerçants qui, ces jours-là, tiennent ouverts leurs magasins ?

— Est-ce que je contrains sans nécessité à plus de travail que les autres jours, — en donnant de grands dîners, ou des fêtes, on en faisant des expéditions de colis, etc., — les domestiques, les employés des postes, etc. ?

— Est-ce que je profane le jour de fête en le célébrant — au lieu du culte sérieusement observé, de lectures graves, de joies pures et sérieuses — par des dissipations ou des plaisirs sans frein ?

II. — La société humaine.

Devoirs envers la patrie.

— Est-ce que j'accomplis avec conscience et abnégation tous les devoirs du citoyen — devoirs privés et devoirs publics ? (1)

— Est-ce que je sais sacrifier, autant que l'exige le bien de la patrie, mes intérêts particuliers ?

—Est-ce que j'ai le respect dû par les chrétiens et les citoyens aux lois de leur pays et à ceux qui les représentent, pour autant qu'ils ne lèsent pas les droits de la foi et de la morale, de la liberté et de la justice ?

Devoirs envers les parents et ceux qui en tiennent lieu.

— Est-ce que je respecte et aime mes parents ? — ou ceux qui m'en tiennent lieu ?

— Est-ce que je leur obéis autant que je le dois et que je le puis ?

— Est-ce que je fais pour eux, sans craindre les sacrifices, tout ce que je dois et ce que je puis ?

— Est-ce que je les sacrifie, ou est-ce que je les afflige sans motifs d'ordre supérieur ?

— Est-ce que je les chagrine par cet esprit de présomption et d'indépendance qui fait mépriser ou négliger les avertissements ou les conseils de l'expérience ? — par manque de patience, — de tendresse ?

— Si je dois leur désobéir ou les contredire, est-ce que je le fais avec les précautions que demandent le respect et l'affection ?

— Est-ce que je découvre leurs défauts — au lieu de chercher à les voiler ?

— Est-ce que je les humilie en présence d'autrui ? — ou est-ce que j'humilie les parents d'autrui en présence de leurs enfants ?

---

(1) Pour les devoirs du citoyen, voir aux dernières pages de cet examen, à la rubrique *Zèle pour le bien public.* On y a noté ceux des devoirs patriotiques, qui sont le plus oubliés ou négligés.

— S'ils sont errants ou coupables, est-ce que je cherche les moyens que peut avoir un fils de les rappeler, de les relever?

— Est-ce que je donne à leur âge, — à leur infirmité, — à toute leur faiblesse, — à tout leur besoin, — toute l'assistance, l'empressement, les égards possibles?

Est-ce que je me rappelle toujours la reconnaissance que je leur dois? — et est-ce que j'agis en conséquence?

— Est-ce que j'observe aussi ces devoirs envers mes maîtres? — envers ceux qui ont eu part à mon éducation? — ou ceux qui ont autorité sur moi?

Devoirs envers les frères.

— Est-ce que j'accomplis — par une bonne parole, — par l'exemple, — par l'aide morale et matérielle, — mes devoirs envers mes frères?

— Frère, ai-je pour mes sœurs, mes frères plus jeunes, le respect et le sentiment de la protection, de la responsabilité qui m'incombe?

— Sœur, est-ce que j'ai conscience envers mes frères de ma mission presque maternelle?

— Est-ce que je vis sans nécessité à la charge de mes frères?

— Est-ce que par là je les empêche de réaliser le droit qu'ils ont de se faire une famille — ou est-ce que je sacrifie leur famille?

— Est-ce que je conteste avec eux par un sentiment injustifié de jalousie — ou par intérêt?

— Est-ce que l'intérêt me fait, de quelque façon que ce soit, léser leurs droits moraux ou matériels?

— Est-ce que je cherche à maintenir entre nous, même au prix de sacrifices, la concorde et l'affection?

Jeunes gens.

— Est-ce que je prends avec paresse ou légèreté le devoir de l'étude?

— Est-ce que je me laisse pénétrer du souffle matérialiste dans mes études et dans ma vie?

— Est-ce que je me laisse prendre aux doutes, aux découragements qui guettent la jeunesse, ses devoirs et ses joies?

— Est-ce que je profite des préjugés qui voudraient autoriser dans les mœurs une licence qui offense la vie dans ses origines, la dignité humaine et la justice, — qui compromet la descendance — crée les responsabilités où l'on fait le moins d'attention, et qui sont les plus graves?

— Est-ce que je me permets de jouer avec le cœur des jeunes filles? — de tendre des pièges à leur vertu? de solliciter leur faiblesse?

— Ai-je plus ou moins d'égard à la vertu et à l'honneur d'une femme selon la classe à laquelle elle appartient?

— Est-ce que je manque de respect envers les vieillards, d'égards envers les femmes, de considération envers un chacun?

— Est-ce que j'ai un air désobligeant, présomptueux, turbulent, insolent?

— Est-ce que j'oublie les devoirs de chevalerie et de courage que les jeunes gens ont spécialement envers tout ce qui a besoin d'être défendu?

— Est-ce que j'oublie le devoir qu'ont les jeunes gens d'exercer leur corps et leur âme aux épreuves de la vie privée et publique, pour le service de la foi, de la patrie, de la justice?

Jeunes filles.

— Est-ce que je sens et remplis ma mission de douceur, de bonté, de paix, de gentille gaieté?

— Est-ce que je m'abandonne à des rêves dangereux?

— Est-ce que j'accepte volontiers qu'on me fasse la cour.

— Est-ce que je flirte moi-même par coquetterie? — par perversité?

— Est-ce que j'oublie, tant soit peu, la pudeur et la réserve des jeunes filles chrétiennes?

— Est-ce que je prends l'amour légèrement, comme une vaine satisfaction, — un passe-temps, — un moyen d'arriver n'importe comment au mariage?

— Est-ce que je m'use, et ma vie avec moi, en des attentes chagrines, — qui me font oublier mes devoirs présents — ma dignité — la culture de ma vie intérieure et intellectuelle?

— Est-ce que je remplis mes obligations domestiques de jeune fille ? — ou si je méprise les humbles fonctions qui sont le sage noviciat de la vie?

— Est-ce que je cherche à ouvrir les yeux pour m'éveiller du demi-sommeil où beaucoup de jeunes filles sont encore maintenues, et à me rendre compte de tous mes devoirs à la maison et au dehors ?

— Est-ce que je cherche à former en moi la femme consciente de toute sa mission domestique, civile et sociale ?

Femmes non mariées.

— Femme non mariée, est-ce que je sens le devoir de tenir haut la dignité de mon état ?

— Est-ce que je pense à rendre ma vie vraiment utile ?

— Est-ce que je pense à la maternité spirituelle qui incombe à celles qui ne sont pas mères selon la nature?

Préparation de la famille.

Est-ce que je cherche pour la formation d'une famille éventuelle, à rendre dignes et forts mon corps et mon âme ?

— Dans le choix d'une femme (d'un mari) est-ce que je me laisse guider à des raisons honnêtes, sérieuses et sages ? — ou par le caprice, — par la vanité, — par l'intérêt ?

— Est-ce que je me prépare à contracter mariage dans des conditions — d'une part ou de l'autre — qui le devraient interdire ? — ou sans considérer l'âge respectif, la santé et les autres circonstances qui peuvent compromettre le succès de l'union? — exposer à des dangers l'un des contractants ? — créer des êtres dégradés ou malheureux ?

— Est-ce que je fais ou accepte des propositions de mariage, en cachant ou en taisant des choses que l'honnêteté oblige à mentionner?

Fiancés.

—Est-ce que je maintiens dans mes rapports avec ma fiancée (avec mon fiancé) la réserve voulue? — la mesure — la dignité — la vigilance?

— Ne sentons-nous pas le devoir de rendre superflue l'humiliante surveillance d'autrui? — Ne sentons-nous pas notre responsabilité?

— Le temps de nos fiançailles est-il pour nous celui d'un oublieux égoïsme à deux? — est-il un temps d'habileté mensongère? — est-il un temps de vaines préoccupations et de vains préparatifs, au lieu d'être une grave préparation aux devoirs de la vie nouvelle?

Devoirs d'époux.

— Est-ce que j'accomplis mes devoirs d'époux — avec fidélité, — bienveillance, — effort, — sacrifice?

— Est-ce que nous nous conformons dans nos rapports conjugaux, à la loi morale?

— Est-ce que j'excite, est-ce que j'aide — ma femme (mon mari) à mal faire? — Est-ce que je l'expose au mal, en lui procurant, ou en ne cherchant pas à lui faire éviter des occasions, des dangers?

— Est-ce que je me tiens éloigné de ma femme (de mon mari) sans nécessité?

— Mari, est-ce que j'abuse ou mésuse de mon autorité?

— Est-ce que je respecte les droits de l'âme de ma femme? — ou si je lui ôte la liberté de suivre les préceptes de sa foi? — Est-ce que je prive son esprit de nourriture? — Est-ce que je la gêne sans nécessité dans l'exercice du bien?

— Femme, est-ce que je sais tenir la juste mesure entre l'obéissance due au mari et l'indépendance morale que toute créature humaine a le droit et le devoir de garder?

— Est-ce que j'oppose à mon mari des refus égoïstes, illégitimes, dangereux ?

— Est-ce que, par des exigences injustes, excessives, ou capricieuses, je le choque, — je le fatigue, — je le sacrifie ? — je sacrifie une carrière, — ou un idéal légitime ?

— Est-ce que je maintiens dans l'intimité ma dignité personnelle ?

— Est-ce que j'entrave, par égoïsme ou autrement, les devoirs ou les droits intérieurs ou extérieurs de ma femme (de mon mari) ?

— Est-ce que je permets à ma femme de s'adonner — est-ce que j'encourage mon mari à s'adonner (ou est-ce que je ne cherche pas à l'en détourner) à des travaux littéraires, scientifiques, artistiques, industriels, commerciaux, etc., dommageables ou dangereux — et cela par vanité ? — par intérêt ? — par indifférence ? — par faiblesse ?

— Est-ce que je ne cherche pas plutôt à être son auxiliaire — selon la mesure convenable — dans sa fonction, dans sa mission ?

— Est-ce que je cherche à me rendre fort contre toutes les difficultés de la vie conjugale ?

— Ou si je me laisse aller à la mauvaise humeur, — à la colère, — à l'intolérance, — à l'aversion ?

— Est-ce que je nous tourmente l'un et l'autre, et est-ce que je m'abaisse, en m'abandonnant à la jalousie ?

— Est-ce que je sais pardonner, compatir, et en même temps veiller, soutenir ?

— Est-ce que je me souviens qu'il ne suffit pas de la fidélité matérielle ? — est-ce que je ferme l'accès aux dangers d'infidélité d'âme ?

— Est-ce que j'ai à l'égard de ma femme (de mon mari) une attitude sèche, distraite, peu soucieuse de la vie du cœur ?

— Est-ce que je néglige de faire en sorte que notre union soit intime communion d'âmes, — moyen d'amélioration réciproque, — préparation à la fonction auguste et ardue de la paternité ? — de la maternité ? — association pour tous les devoirs civils et sociaux, c'est-à-dire chrétiens ?

Devoirs envers la belle-famille.

— Est-ce que je regarde, est-ce que je traite avec un sentiment filial et paternel mes beaux-parents, mes beaux-frères et mes belles-sœurs ? — les parents avec lesquels je vis ou suis en relations ?

— Est-ce que je fais mon possible pour maintenir entre tous la paix, la concorde, la bienveillance ? — pour réfréner en moi, par conséquent, l'esprit de critique, d'intolérance, de jalousie ?

— Est-ce que j'ai la complaisance que je puis et que je dois — en demeurant inflexible devant ce pour quoi c'est une faute de transiger ?

— Est-ce que je retiens ou est-ce que je tolère dans ma maison quelque chose qui offense la morale ou la religion ? — ou est-ce que je ne cherche pas plutôt à donner en tout à ma demeure un caractère chrétien ?

— Est-ce que je veille avec vigilance et esprit de suite, au train de ma maison ?

— Est-ce que je fais tort par paresse, — par désordre, — par caprices égoïstes — à l'avenir de ma famille, à l'économie domestique ?

Devoirs envers les enfants.

— Est-ce que nous pensons, à l'idée des enfants à venir, ce que doivent penser ceux qui considèrent le but et les devoirs du mariage ? — ou laissons-nous tenter notre conscience par des considérations égoïstes, ou par d'excessives et défiantes préoccupations d'avenir ?

— Est-ce que je garde envers ma femme (envers moi-même) tout le respect dû à la préparation de la maternité ?

— Est-ce que je pense à me procurer les connaissances hygiéniques, morales et religieuses nécessaires à une éducation éclairée ?

— Ma première pensée pour mes fils est-elle de former des consciences et des cœurs sains dans des corps vigoureux ?

— Ou si je me laisse entraîner à une affection sentimentale, qui se complaît trop à les choyer, à les contenter, à s'occuper d'eux d'une manière excessive et vaine qui ne sert qu'à faire d'eux de petits personnages importants et égoïstes?

— Est-ce que je cède à l'imprudente vanité qui fait les parer à l'excès, les mettre en évidence, parler d'eux de façon à exciter leur vanité?

— Est-ce que je les loue trop — ou pour des choses qui n'en valent pas la peine?

— Est-ce que je raconte en leur présence leurs mots d'esprit, leurs gamineries? — est-ce que j'occupe, plus qu'il ne faut, les autres d'eux, en leur présence?

— Est-ce que je songe que l'éducation doit commencer dès le maillot, et combien il peut sortir de mal de toutes les faiblesses inconsidérées, — de toutes les transactions coupables de l'éducation d'aujourd'hui, si assidue à exciter les passions?

— Est-ce que je ne cherche pas peut-être à préparer à mes fils une vie plus brillante que vertueuse et sainement heureuse? — un avenir appuyé aux biens matériels plutôt qu'aux biens moraux?

— Est-ce que je sais d'une part mettre un frein à mon affection pour l'empêcher de dégénérer en une tendresse excessive, passionnée, aveugle et par là même égoïste, — et d'autre part la rendre assez grande pour ne reculer, quand il s'agit d'eux, devant aucun sacrifice?

— Est-ce que je cherche à m'abuser sur les défauts de mes enfants?

— Est-ce que je les traite avec une indulgence dangereuse, avec une faiblesse qui ôte, à moi toute autorité, à eux toute discipline?

— Est-ce que je favorise leurs ressentiments, leurs rivalités? — Est-ce que je les suscite?

— Est-ce que je favorise ou néglige tous ces commencements des passions, que la plus malavisée des imprévoyances empêche de prendre au sérieux?

— Est-ce que je seconde ma femme (mon mari) — dans sa juste sévérité, dans son système de discipline,

— ou si je la (le) contrecarre en détruisant son autorité ?

— Est-ce que je dis à ma femme (à mon mari) des choses ironiques ou humiliantes en présence de nos enfants ?

— Est-ce que nous leur donnons le spectacle de la discorde et des divisions ? — est-ce que nous discutons sur eux en leur présence ?

— Dans ma sévérité, est-ce que je sais graduer justement les fautes, — et ne pas juger par des raisons d'intérêt — de vanité, etc. ?

— M'arrive-t-il de corriger, — de punir injustement sur de fausses raisons — ou des antipathies intimes ?

— En corrigeant, en punissant, sais-je garder le calme, et ne pas m'abandonner à cette irritation qui ôte à la correction, au châtiment toute efficacité ? — qui nous diminue aux yeux d'un enfant ?

— Sais-je renoncer pour mes enfants à mes commodités ?

— Sais-je renoncer pour eux aux divertissements et aux compagnies qui éloignent d'eux, ou qui, s'ils y prennent part, peuvent leur nuire ?

— Sais-je renoncer à tant de prétendues convenances de société qui font négliger, outre les devoirs sociaux, tant de devoirs domestiques ?

— Est-ce que je néglige ceux-ci par excès de travail, — de préoccupations intéressées qui me retiennent hors de la maison, — qui absorbent l'esprit et épuisent les forces ?

— Est-ce que je confie trop mes enfants aux personnes de service ou à d'autres ?

— Est-ce que je suis circonspect et consciencieux sur le choix des personnes à qui les confier, fût-ce pour peu de temps ?

— Ai-je toute la vigilance qu'il faut, assidue, éclairée, circonspecte sur tous les aspects de la vie physiologique de l'enfant ?

— Est-ce que je cherche à éviter le plus possible de donner aux enfants de mauvais exemples — et tout ce qui à leurs yeux pourrait diminuer mon prestige, — mon autorité ?

— Est-ce que je cherche à acquérir l'égalité d'humeur, l'impartialité qui excluent toute préférence, toute différence de méthode, de soins, de manières entre mes enfants? — entre les miens et ceux d'un premier lit?

— Seconde femme, suis-je, non une marâtre, mais une mère ?

— Me rappelé-je le devoir de tenir vive et sacrée dans le cœur des enfants d'une autre, la mémoire de leur mère ?

— Est-ce que je cherche à vaincre l'impatience et l'ennui, qui rendent injuste et dur, — la colère, qui rend violent ?

— Est-ce que je cherche à vaincre l'amour du repos, de l'indulgence commode, et à veiller sans répit, à observer mes enfants, à les guider de temps à autre, et à toujours les inspirer ?

— Et pour le faire d'un esprit éclairé et d'une main sûre, est-ce que je cherche à m'instruire petit à petit dans cette tâche malaisée ?

— Est-ce que je cherche à connaître vraiment mes enfants ?

— Est-ce que je cherche à avoir toute leur confiance avec tout leur respect ?

— Est-ce que je leur laisse une liberté précoce et dangereuse?

Est-ce que je sais conserver l'autorité, l'influence, — redoubler de vigilance éclairée et circonspecte, — tout en modifiant les moyens à proportion de leur âge?

— Est-ce que je fais tout mon possible, pour créer autour de mes enfants une ambiance saine, éducative, — pour en éloigner le plus possible les influences et les impressions nuisibles — dans les études ? — dans les lectures ? — dans les compagnies ? — dans les divertissements?

— Est-ce que je fais tout mon possible pour leur donner une solide assiette morale et religieuse ? — pour en faire des chrétiens intérieurs ?

— Est-ce que je les élève à l'amour de la pureté, de la dignité, au devoir de lutter contre les passions ? — contre tous les préjugés qui règnent à ce sujet ? — contre tous les compromis qui fardent le vice?

— Est-ce que je les élève au sentiment de la responsabilité ?

— Est-ce que je les élève au culte de la vérité ? — à l'horreur du mensonge, de l'hypocrisie, de l'équivoque ?

— Est-ce que je les élève à l'honnêteté rigide sans sophismes de convention, — sans compromis, — sans transaction ?

— Est-ce que je cherche à faire d'eux *des caractères?*

— Est-ce que je cherche à les empêcher de se prendre au démon de l'intérêt ?

— Est-ce que je cherche à ne pas faire naître en eux d'aucune façon, l'orgueil, — la présomption, — l'ambition, — la vanité ?

— Ou si j'attache — ou leur fais attacher trop d'importance à leur intelligence, — à leurs succès ?

— Est-ce que j'attache trop d'importance aux dons extérieurs au risque, s'ils s'en aperçoivent, d'éveiller en eux la préoccupation de leur beauté, — ou de leur laideur ?

— S'ils ont des défauts physiques ou intellectuels ou d'autres infériorités, est-ce que je cherche à y parer dans la mesure du possible, pour éviter que leur caractère ne se gâte ni ne s'aigrisse?

— Est-ce que je les laisse prendre trop de goût au soin de leur personne — de leur parure?

— Ou si je ne cherche pas plutôt à leur inspirer l'amour de la simplicité?

— Est-ce que je les empêche de s'accoutumer à la frivolité ? — à la mondanité? — à l'amour excessif des divertissements ?

— Est-ce que j'évite d'autre part de les opprimer par des pédanteries, — des duretés, — une austérité mal entendue ?

— Est-ce que je sais les endurcir à la douleur, aux difficultés de la vie, sans les priver — par des défenses ou des sévérités oublieuses des droits de la jeunesse, — de la joie et du sourire ?

— Est-ce que je les élève au respect de la vertu ? — de la vieillesse ? — de la pauvreté ? — à l'honnêteté de l'âme et des manières?

— Est-ce que je les élève à l'amour de la culture solide, — de la nature, de l'art, du beau sous toutes ses formes les plus hautes et les plus pures?

— Est-ce que je cherche à vaincre en moi toute crainte et tout sentimentalisme, pour les élever à la fermeté, au courage, à l'esprit de sacrifice ?

— Est-ce que je cherche à les habituer à l'ordre intérieur et extérieur, au travail, à la discipline, au sentiment de la valeur de la vie et du devoir, quoi qu'il en coûte?

— Est-ce que je cherche à leur inspirer un haut et généreux idéal ? — ou si je le combats, si je cherche à l'étouffer, par une affection égoïste, ou par des idées de vie tranquille, — d'intérêt?

— Est-ce que je les accoutume à regarder avec conscience autour d'eux, et à sentir le devoir patriotique, le devoir humain, c'est-à-dire chrétien?

— Est-ce que je me souviens devant le devoir, la séparation, la mort — que nos enfants ne sont pas notre propriété, — que nous devons être prêts au sacrifice ?

— Si je dois confier mes enfants à d'autres, — instituteurs, maîtres, patrons, chefs, — est-ce que je pense avant tout à leur bien moral ? — ou si je le sacrifie à des considérations d'ordre inférieur ?

— Est-ce que je les aide en les soutenant en tout ce qu'ils font pour leur bien — ou si je me fais le complice d'injustes plaintes et d'injustes rébellions ?

— Est-ce que j'abuse de l'autorité paternelle (maternelle) ?

— Est-ce que je pousse au delà de la juste mesure mon ingérence dans le choix des études, — de la profession ?

— Est-ce que je me laisse guider en cela par des motifs d'intérêt, — des préjugés de classe, — par vanité, — par égoïsme, — par sentimentalisme?

— Est-ce que je contrarie des vocations vraies ?

— Est-ce que je cherche à préparer mes enfants dans tous les sens à la *vie*, — en les éclairant selon leur âge, leur développement physique et intellectuel, l'ambiance et les circonstances — sur certaines réalités et certains dangers ?

— Est-ce que je cherche à les y préparer par tous les moyens préventifs qui combattent les passions ?

— N'arrive-t-il pas que dans le même temps où, par des craintes mal entendues j'évite de les éclairer, j'expose mes enfants aux dangers de la mondanité, je leur permette les lectures et les libertés que les usages conventionnels voudraient légitimer ?

— Est-ce que je cherche à inculquer à mes fils le sentiment de la très grave responsabilité que leur jeunesse a, devant eux-mêmes, envers la femme et la famille à venir ?

— Est-ce que des préoccupations excessives ou la légèreté à l'égard de la vie, ne me font pas donner à mes filles le désir de plaire et de se marier à quelque prix que ce soit ?

— Ou si je ne cherche pas plutôt à les élever de telle sorte qu'elles soient bien préparées tant au mariage qu'au célibat, et qu'elles puissent trouver dans celui-ci, si elles y sont appelées ou destinées, le plus grand bonheur ? — de telle sorte qu'elles voient dans le mariage, non un acte destiné à satisfaire des convoitises égoïstes, mais une institution destinée à une mission civile et sociale, pleine de devoirs augustes ?

— Est-ce que j'ai cette injuste et immorale jalousie, ou la préoccupation ambitieuse ou intéressée qui dispute à des enfants adultes des aspirations et des sentiments légitimes ?

— Est-ce que j'accepte d'eux des sacrifices qui compromettent leur avenir ? — leur moralité ? — leur bonheur ?

— Est-ce que je les pousse à des unions contraires à leurs inclinations ? — ou est-ce que je les contrarie sans motifs légitimes ?

— Est-ce que je cherche à avoir pour mes gendres, pour mes brus, des sentiments d'équité et d'affection ?

— Est-ce que j'apporte dans la maison de mes enfants mariés un zèle indiscret, envahissant ou sentimental, alors que peut-être je néglige des devoirs réels dans ma propre famille ?

— Est-ce que je me crois autorisé à considérer mes petits-enfants comme les jouets du cœur des grands-parents, et à les gâter sans scrupules ?

— N'ayant pas d'enfants ou les ayant perdus, est-ce que je sens le devoir d'autant plus grand de penser aux créatures qui n'ont pas de parents, ou qui en ont d'indignes ?

Respect envers les enfants.

— Est-ce que je sens la responsabilité d'un chacun envers l'enfance ?

— Est-ce que je m'abstiens de tout acte qui puisse nuire à de jeunes âmes, en les excitant par des éloges, des plaisirs, des cadeaux, des exemples déplacés ?

— Ai-je pour les enfants des autres le respect et les justes égards que j'ai pour les miens ? — ou l'égoïsme malhonnête qui ne se soucie pas du mal fait aux enfants d'autrui ?

Educateurs, professeurs, etc.

— Précepteur, institutrice, professeur, instituteur, chef d'une école ou d'une institution d'éducation, chargé de pourvoir ou de veiller à l'éducation et à l'enseignement, est-ce que j'exerce ma charge comme un métier, ou comme une mission quasi paternelle et sacerdotale ?

— Propriétaire ou directeur d'un collège, est-ce que je réduis l'éducation et l'instruction à n'être qu'une entreprise intéressée, sacrifiant à mon avantage matériel ou à celui d'autrui l'avantage moral de la jeunesse qui m'est confiée ?

— Est-ce que je choisis, surveille et guide mon personnel avec une sympathie intelligente et une conscience scrupuleuse ?

— Est-ce que je sens la lourde responsabilité que me crée la charge des enfants d'autrui, à commencer par celle de l'exemple ?

— Est-ce que je sais être pour mes élèves un père et un ami (une mère et une amie) ? (1)

Charges et professions diverses.

— Membre du pouvoir législatif ou exécutif, politique ou administratif — est-ce que je manque à mes principes ? — suis-je infidèle à mon programme ? — Et envers la vérité, la justice, le bien, ma parole, mon action sont-elles timides, incertaines ou faibles ? — par froideur ? — par paresse ? — par respect humain ? — par intérêt ? — par crainte de perdre mon mandat, mon pouvoir, ma charge ? de déplaire en haut ou en bas ?

— Magistrat, juré, suis-je négligent ou frivole dans la recherche de la vérité ? — me laissé-je engourdir en de pauvres idées de psychologie simpliste — ou entraîner par des courants de fausse science ou de sensibilité morbide ? — Ou si dans l'accomplissement de mon grave mandat, je cherche à faire tout ce qui est en moi pour que la justice humaine soit le moins injuste possible ?

— Directeur de prison, attaché à une prison, est-ce que je cherche à rendre, avec les idées d'une charité chrétienne éclairée, le moins néfaste possible, — le plus avantageux possible, aux âmes des condamnés, le système pénitentiaire actuel ?

— Avocat, est-ce que je me fais instrument d'injustice, de perversion du sens moral ? — Est-ce que j'abuse des imperfections de la loi ? — Est-ce que j'use de la parole pour illusionner, suggestionner, corrompre, en faveur de causes dont j'aurais accepté la défense contre ma conscience, par intérêt ou par vanité professionnelle?

— Orateur, écrivain, savant, artiste, est-ce que je sens, et est-ce que je remplis le devoir d'éducation et de

(1) On n'insiste pas davantage parce que le chapitre des parents doit servir en grande partie aux éducateurs.

progrès humain qu'ont la pensée, la science et l'art ?
— ou si je les fais servir à l'erreur et aux passions ?

— Editeur, propriétaire ou directeur d'imprimerie, de librairie, de bibliothèque, protecteur d'artistes, organisateur d'expositions, le mal trouve-t-il en moi une complicité ou un encouragement ?

— Journaliste, est-ce que je me mets, moi ou mon journal, à la disposition d'intérêts immoraux ? — d'ambitions vaines ? — de curiosités morbides ? — Est-ce que je me laisse intimider ? — corrompre ? — Est-ce que j'aiguise les luttes des partis ? — Dans la polémique, est-ce que je conserve le langage de la charité et de la dignité ? —Est-ce que j'accepte des annonces immorales ?

— Employé, — titulaire de quelque charge — est-ce que je sens, avec les devoirs de discipline de ma fonction, tout le peu — si peu soit-il, — qui est en mon pouvoir pour diminuer le mal tant privé que public ?

— Directeur d'une œuvre pie — attaché à une œuvre pie — est-ce que je m'emploie à lui faire vraiment mériter ce nom ? — à empêcher que ce nom ne couvre une bienfaisance pharisaïque ?

— Médecin, est-ce que je sens — outre les devoirs et la responsabilité que le soin des corps crée à ma conscience et à mon cœur — ceux que me crée le soin des âmes de ces corps qu'on me confie ? — Est-ce que je sens la terrible responsabilité que nous avons dans ces questions de santé privée et publique, qui touchent de si près à la moralité ?

— Officier, est-ce que je pense, — outre mes devoirs militaires — à la haute responsabilité morale que nous crée toute cette jeunesse de la patrie qui nous est confiée ?

— Ingénieur, industriel, commerçant, pharmacien, est-ce que j'exerce ma profession, mon commerce, en évitant soigneusement toute intention immorale — tout moyen déshonnête ou charlatanesque ?

— Agriculteur, est-ce que je me rappelle la fonction patriotique et sociale qui incombe aux propriétaires et aux fermiers du sol ?

— Ingénieur, agriculteur, industriel, commerçant, chef d'un laboratoire, d'un établissement, est-ce que je me souviens des obligations matérielles et morales que me créent les éléments populaires qui sont sous ma dépendance ?

— Femme, — directement investie de quelqu'une des responsabilités énumérées qui sont communes aux deux sexes — ou fille, sœur, femme, mère d'un homme qui les porte, est-ce que je me souviens, en plus, de notre rôle spécial en ce qui touche au bien, à la charité ?

Devoirs envers les subordonnés.

— Est-ce que j'accomplis mes devoirs envers mes subordonnés, — domestiques, — agents, — employés, — garçons, — ouvriers, — laboureurs, — soldats, etc. ?

— Est-ce que je sens la responsabilité grave qui m'incombe envers eux quant au corps et quant à l'âme ?

— Est-ce que je rétribue convenablement ceux qui travaillent pour moi ?

— Est-ce que je donne une nourriture suffisante et hygiénique à ceux à qui je le dois ?

— Est-ce que je donne à mes subordonnés le temps et le moyen de se reposer suffisamment ? — ou si je les sacrifie à mes commodités et à mes caprices ? — Est-ce que pour mes commodités ou mes caprices je les expose à des intempéries, à des dangers ?

— Est-ce que je donne à ceux à qui je le dois, un logement qui satisfasse aux conditions d'hygiène et de moralité ?

— Est-ce que je leur fais exécuter des travaux malsains ou excessifs ?

— Si ma femme (mon mari) ou des personnes sur qui je puis exercer une influence manquent à ces devoirs, est-ce que j'ai l'idée de les leur rappeler ?

— Est-ce que je réfléchis, et fais réfléchir à toutes les conséquences, matérielles et morales, de notre avarice, ou de nos négligences envers les déshérités, et particulièrement envers les femmes ?

— Est-ce que j'use de mon autorité pour faire violence, pour opprimer, pour dire à mes subordonnés des choses injustes, ou dures, ou humiliantes ?

— Ou si je les traite avec cette bonté sérieuse et égale qui évite à la fois la familiarité dangereuse et l'arrogance, et fait sentir la paternité (la maternité) des supérieurs chrétiens ?

— M'arrive-t-il de considérer mes subordonnés comme les pièces d'une machine, qui n'ont qu'à bien remplir leur fonction ?

— Est-ce que je les fais assister à des choses, ou entendre des discours qui, — ne fût-ce que par l'insuffisance de leur éducation et de leur instruction — peuvent leur être un scandale ou un danger ?

— Est-ce que je leur donne des tâches immorales ou dangereuses ?

— Est-ce que j'évite autant que possible, parmi mes subordonnés la promiscuité, les voisinages, les services dangereux ?

— Est-ce que j'accomplis envers mes domestiques, mes subordonnés, tous mes devoirs de vigilance, d'éducation, d'aide morale ?

— Ou si je leur refuse les ressources, — le temps, — les lumières, — la liberté, — l'assistance auxquels a droit toute créature humaine ?

— En même temps, est-ce que je veille autant que je puis à ce qu'ils n'usent pas mal de leurs heures de liberté, en fréquentant des lieux ou des compagnies dangereuses ?

— En profitant des institutions existantes, est-ce que je cherche à leur y faire trouver de temps en temps distraction et éducation ?

— Si mes moyens me le permettent, est-ce que je

prends soin moi-même à ce point de vue de mes ouvriers, — de mes ouvrières ?

— Pour n'avoir pas à renoncer à une personne de service ou à un subordonné qui me satisfait, est-ce que je fais en sorte de lui faire perdre une occasion d'améliorer son propre sort ? — de contracter un mariage convenable ?

— Ou est-ce que je profite de la nécessité où ils peuvent se trouver de rester à mon service pour violer leurs droits humains, — familiaux, — pour les contraindre à des renoncements qui ne conviennent pas à leur nature ou à leurs légitimes aspirations ?

— Si je les congédie, est-ce que je considère la légitimité des motifs ? — est-ce que je pense, et est-ce que je pourvois aux conséquences possibles ?

— Est-ce que je néglige de savoir dans le champ de ma responsabilité, ce qui se passe autour de moi ?

— Est-ce que je permets dans ma maison, — dans mon atelier, — dans mon magasin, — dans mon laboratoire, — dans ma fabrique, des propos ou des habitudes immorales ?

— Est-ce que j'envoie en course pour mon intérêt des petits garçons ou des petites filles sans prendre garde aux dangers auxquels ils sont exposés ?

— Est-ce que je les relègue à des services qui les empêchent d'apprendre un métier, et qui retardent pour eux la possibilité de pourvoir à leur avenir ?

— Est-ce que je fais trop longue ou trop fatigante, la journée de travail ? — est-ce qu'en la prolongeant je n'expose pas la jeunesse aux dangers des heures tardives ?

III. — Les vertus et les vices.

Devoir.

— Est-ce que je cherche à fortifier en moi le sentiment du devoir ?

— Suis-je inflexible et zélé dans l'accomplissement des devoirs de mon état ? — de tous mes devoirs ?

— Est-ce que je sais sacrifier au devoir, à la justice, aux lois divines et humaines, mon intérêt, mon plaisir ou mes commodités?

— Ou si je me permets des caprices, des abus, par tromperie — par oppression?

— Est-ce que je cherche à servir, selon mon pouvoir, la cause du vrai et du juste? — ce progrès moral qui est la voie ascendante assignée par Dieu, comme devoir à la société humaine?

— Est-ce que je sens en conséquence l'obligation de ne pas laisser se dessécher mon âme, — de ne pas me laisser prendre au scepticisme, — à l'égoïsme, — et à leurs sophismes?

— Est-ce que je cherche à former en moi la bonne volonté?

— Est-ce que je cherche à ne pas me laisser aller d'enthousiasmes et de soudaines ardeurs à la lassitude et au découragement? — à former en moi la vertu de persévérance?

— Est-ce que je cherche à combattre en moi tout ce qui est passion et manque de mesure? — à établir en moi et dans ma vie un équilibre sain?

— Est-ce que je cède à la peur? — aux tentations de lâcheté?

— Est-ce que je me laisse épouvanter, décourager par les contradictions? — par les difficultés? — par la maladie?

— Est-ce que je me laisse prendre au dégoût de la vie?

— Est-ce que j'ai tenté de me donner la mort?— est-ce que je me la souhaite?

— Dans l'adversité, est-ce que je m'abandonne au chagrin? — est-ce que je ne sens pas le devoir de réagir, pour ne pas manquer aux obligations de la vie?

— Le regret d'un mort me fait-il oublier les devoirs envers les vivants?

Sincérité de vie, honnêteté, caractère.

— Est-ce que j'accepte les opinions et les maximes courantes les yeux clos, — sans les trier à la lumière de l'honnêteté, — de la justice, — de la charité?

— Ou si je cherche à atteindre le plus possible la sincérité, — l'honnêteté, — la simplicité, — à combattre en moi et autour de moi les mensonges conventionnels sur lesquels se fonde en grande partie le code mondain? — sur lesquels s'appuient les jugements ?

— Suis-je affilié à des sectes?

— Est-ce que je me livre à des coteries de personnes ou de partis? — à des coalitions? — à la grande comédie humaine que monte la conjuration des intérêts, — des passions, — des lâchetés?

— Est-ce que je cherche à me tremper solidement, à combattre en moi toute vilenie secrète?

— Ou si je manque de caractère — de loyauté — de fidélité à l'égard de mes principes, — en face des passions?

— Est-ce que je me laisse intimider par les forts, — par les puissants, — par les audacieux?

— Est-ce que je me laisse séduire par les riches, — ou par ceux qui disposent des ressources d'autrui, — privées ou publiques?

— Est-ce que je fais des concessions par amour de l'art? — de la gloire? — d'une position? — de l'intérêt?

— Est-ce que je brigue, — accepte, — ou crée des privilèges?

— Est-ce que je fais des recommandations contre la conscience?

— Est-ce que pour favoriser des intérêts privés je sacrifie des intérêts généraux?

— Pour placer — ou favoriser de quelque façon que ce soit — une personne, — est-ce que je risque de nuire à une famille, — à une école, — à un bureau, — à un établissement, etc?

— Est-ce que je mets des âmes en péril, et particulièrement des âmes de jeunes gens?

— Pour favoriser des intérêts matériels, est-ce que j'en sacrifie de moraux?

— Est-ce que je sens la responsabilité de l'exemple, en particulier de la part des chrétiens?

— Si j'ai donné de mauvais exemples, est-ce que je fais le possible pour les réparer — à tout le moins en me réprouvant moi-même ouvertement?

— Est-ce que j'ai l'égoïsme spirituel qui fait créer une apparente aristocratie morale laquelle, à l'occasion, exaspère en s'en servant, les passions d'autrui, ou les provoque et ensuite méprise, condamne, repousse ou abandonne les misérables qu'a faits notre pharisaïsme ?

— Est-ce que j'affecte la vertu ou des sentiments que je n'ai pas ? — par vanité ? — pour m'attirer des sympathies ou des amitiés ? — des honneurs ? —des postes ? — un héritage ?

— Est-ce que ces desseins me portent à flatter ? — à accomplir des actes de servilité ?

— Est-ce que je me donne pour ami sans l'être véritablement ?

— Est-ce que je dis du mal de personnes à qui, en leur présence, je témoigne du respect ou de l'affection ?

— Est-ce que je manque à mes promesses, — à ma parole ?

— Est-ce que je promets avec légèreté ?

— Est-ce que je manque d'exactitude ?

— Est-ce que je trahis qui se fie à moi ? — ou de quelque façon que ce soit, est-ce que j'abuse de la confiance d'autrui ?

— Est-ce que je joue double jeu ?

— Est-ce que je travaille secrètement à faire tort à autrui ?

— Est-ce que je sacrifie le caractère, le devoir au désir de popularité ?

— Est-ce que je ne dédaigne pas toute flatterie, toute adulation ? — tout respect servile envers les riches et les puissants, parce que riches et puissants ?

— Est-ce que j'honore en particulier et en public, avant tout, la vertu, le mérite ?

— Est-ce que je suis infidèle à mes amitiés à cause de la déchéance économique ou morale de mes amis ?

Mensonge.

— Est-ce que je mens ? — pour m'excuser ? — dans mon intérêt ou dans celui des autres ?

— Est-ce que j'use d'expressions équivoques ?

— Est-ce que j'accuse les autres — ou est-ce que je les laisse accuser à tort, quand je sais la vérité ?

— Est-ce que je nie mes erreurs, mes fautes ou mes responsabilités ?

— Est-ce que je les rejette sur autrui ?

— Est-ce que je tais, pour ne pas faire de peine à autrui, des choses que la loyauté, la justice ou la charité m'imposent de faire connaître ?

— Suis-je sincère et loyal à l'égard de mes adversaires ? — ou de ceux qui servent dans le camp opposé ?

— Est-ce que je rapporte, — est-ce que je cite — avec des altérations ou des omissions de mauvaise foi ?

— Est-ce que je plagie ?

— Est-ce que je m'approprie les idées — les initiatives, — les travaux, — les inventions d'autrui ?

— Est-ce que je me pare des mérites d'autrui ?

— Est-ce que je suis charlatan — en paroles, — en actes ?

— Est-ce que je manque à la probité et à la justice — par vol — par fraude ?

— Est-ce que je fais des faux en écriture ?

— Est-ce que je falsifie la monnaie, ou est-ce que j'en répands consciemment de fausse ou qui n'ait plus cours ?

— Est-ce que je falsifie ou altère des produits ou des marchandises ? — ou est-ce que j'en vends de falsifiées, — de frelatées, — ou d'avariées ?

— Est-ce que j'altère des poids ou mesures ? — Est-ce que je pèse ou mesure au détriment d'autrui ?

— Est-ce que je triche au jeu ?

— Est-ce que je déclare des gains ou des pertes au-dessus de la vérité ?

— Est-ce que je fais de la contrebande ? — Est-ce que j'achète des marchandises de contrebande ?

— Est-ce que je vends, sans avertir, des animaux malades ou dangereux ?

— Est-ce que je produis, — est-ce que je vends des objets malsains ou dangereux ?

— Est-ce que je produis ou est-ce que je vends des médicaments — ou autres choses — qui, grâce au charlatanisme, trompent la confiance du public ?

— Est-ce que je mets en vente ou en location des locaux insalubres, — ou contaminés, — ou dangereux de quelque autre façon ?

— Est-ce que j'emploie dans mes travaux des matériaux avariés ou de mauvaise qualité ?

— Est-ce que je crée à autrui des dangers en dressant des échafaudages, des bâtiments, des ouvrages, trop à l'économie ?

— Est-ce que je fais exécuter sans une absolue nécessité et les meilleures garanties possibles, des travaux dangereux et malsains.

— Est-ce que j'en fais exécuter, par intérêt, de trop pénibles?

— Est-ce que je garde de l'argent ou des objets trouvés ?

— Est-ce que je fais tort à autrui sans compensation?

— Est-ce que je ne restitue pas des objets empruntés ? — Est-ce que je les perds?

— Est-ce que j'abuse d'argent ou d'objets qu'on m'a confiés, ou remis en dépôt?

— Est-ce que je les garde ou administre mal ?

— Est-ce que, le pouvant, je ne paie pas mes dettes ?

— Est-ce que j'en fais, sachant que je ne pourrai pas les payer?

— Si j'ai reçu de l'argent ou des objets pour un but déterminé, est-ce que j'ai toujours été fidèle aux intentions de celui qui s'est fié à moi?

— Est-ce que je prolonge au delà du nécessaire mes vacations rétribuées ?

— Est-ce que par négligence ou autrement, je rends ces prolongations nécessaires ?

— Est-ce que je m'acquitte de ces soins à la légère ?

— Est-ce que je les fais payer trop cher?

— Est-ce que je vends à des prix trop élevés ?

— Est-ce que je soulève ou patronne des procès injustes ?

Est-ce que je profite des charges publiques ou privées pour m'épargner des dépenses personnelles ? — pour faire des dépenses qui soient moins à l'avantage de ma charge, qu'au mien ou à celui de ma famille?

— Est-ce que je tarde à régler mes comptes?

— Est-ce que je profite du besoin, — de la concurrence, — de l'ignorance, — des préjugés qui pèsent sur la femme, — et de la lâcheté qui apprend à abuser d'elle ou de l'enfant, — pour les payer au-dessous de la valeur de leur travail, en leur imposant un excès de fatigue?

— Est-ce que j'en profite pour acheter à des prix trop bas?

— Est-ce que je profite des erreurs des autres dans les calculs, — ou de leur inexpérience des affaires ?

— Est-ce que je me fais complice de ces malhonnêtetés, ou d'autres ? — est-ce que j'en cherche — ou en accepte la complicité?

Cupidité.

— Pour l'amour du gain, du mien ou de celui d'autrui, ou de celui des administrations publiques à moi confiées, est-ce que je seconde ou excite — par la vente ou la location de locaux, par le débit de marchandises, par des représentations, des permissions — l'intempérance, l'alcoolisme, la débauche, le jeu?

— Ou est-ce que j'ai spéculé sur l'ignorance et les préjugés populaires ? — sur les passions et les vices ?

— Est-ce que je crée, ou répands par le commerce des produits destinés à exciter les passions, — à seconder l'immoralité, — ou les dangereux artifices de la vanité ?

— Est-ce que j'abuse de ma charge dans mon intérêt — ou en d'autres intérêts privés ?

— Est-ce que je trompe les autres — ou leur fais tort en quelque façon — pour favoriser mes intérêts ou ceux d'autrui?

— Est-ce que je vends mon vote ? — mon arrêt ? — ma sentence ? — ma parole ?

— Est-ce que j'achète des votes ? — des arrêts ? — des sentences ?

— Est-ce que j'accepte une récompense pour manquer à mon devoir ?

— Est-ce que je cherche — par des dons, des pots-de-vin, des promesses, ou autrement — à corrompre la conscience des autres ? — à les faire manquer au devoir, à la parole donnée ? — à leur faire trahir la vérité et la justice ?

Matérialisme pratique.

— Est-ce que je me soucie par trop de ce qui regarde l'intérêt ?

— Est-ce que je me laisse prendre à l'amour du gain ? — de la propriété ?

— Est-ce que je suis vénal dans ma profession ?

— Est-ce que je fais inexorablement payer tout travail, tout service ?

— Est-ce que j'oublie que toute profession a des devoirs d'amitié, de bienfaisance ?

— Est-ce que par cupidité je blesse des sentiments sacrés ? — je trouble les derniers jours de parents ou d'autres ? — je cause des discordes de famille ? — j'accomplis de actes odieux, bas ?

— Est-ce que par cupidité je détourne d'œuvres de bienfaisance des personnes dont j'espère des avantages immédiats, ou des dispositions à mon bénéfice ou à celui des miens ?

— Est-ce que je me donne trop exclusivement aux affaires ?

— Est-ce que je m'agite et m'épuise pour elles, ou de quelque façon que ce soit, pour des intérêts matériels ? — en oubliant — pour moi, pour les miens, pour ceux dont je dois m'occuper — les intérêts moraux ?

— Ou si je ne cherche pas plutôt à m'accoutumer moi-même, et ceux sur lesquels je peux ou dois influer, à se contenter de peu, à se suffire à soi-même ?

— Est-ce que je me fie trop aux précautions humaines, qui sont souvent trompeuses ?

— Ou si je sais les unir avec mesure à cette confiance en la Providence, qui fait voir tant de secours en elle

à ceux qui croient fermement, et traversent avec sérénité les difficultés ?

— Est-ce que je sais combiner la prudence qui fait
éviter la dissipation et porter un juste accroissement aux
revenus, avec le détachement qui nous fait les « pauvres
en esprit », c'est-à-dire les vrais riches ?

— Est-ce que je m'élève de cette façon à cette foi et à
cette sérénité qui font aller sans terreur vers l'avenir
et ses menaces, avec ce sentiment de la « meilleure
part » qui, dans les revers de fortune ne voit pas un
vrai malheur, mais une épreuve, et souvent une miséricorde ?

Avarice.

— L'amour de l'argent me fait-il offenser ma dignité
personnelle ? — nuire à ma santé ? — à mon esprit ? —
en laissant manquer mon corps, mon âme, d'aliments
et de remèdes nécessaires ?

— Est-ce que j'ai des habitudes de parasitisme ?

— Femme, est-ce que je fais moi-même sans nécessité
d'économie, ou autre motif légitime, des travaux que je
devrais donner à ceux qui cherchent du travail, alors
que je pourrais employer ce temps et ces forces à remplir mon devoir chrétien et civil ?

— Est-ce que je tiens inutilisés des choses qui, mises
en œuvre, pourraient rendre service ?

— Est-ce que je sens que le droit n'existe pas d'accu-
muler au delà de certaines limites ?

— Est-ce que je sens combien il est injuste de jouir
à l'étourdie du fruit du travail d'autrui, — fût-il peut-être
malhonnêtement acquis ?

— Est-ce que ce n'est qu'après ma mort que je consens à faire du bien ? — est-ce que je ne consens à rien
laisser de ma fortune qu'à l'heure où je devrai l'abandonner par force ? — ou si je sens le devoir de la répandre,
dans la mesure où s'y prêtent les moyens et les circonstances, pendant ma vie ?

— Suis-je prodigue pour moi ou les miens ? — avare
pour les autres, pour les bonnes institutions et propa-
gandes, à l'égard desquelles m'incombent des devoirs de

justice, de charité, de solidarité humaine et civile, d'apostolat du bien ?

Bienfaisance.

— Est-ce que je donne à proportion de mes moyens ?

— Est-ce que je sens que donner n'est pas « générosité », mais justice, devoir, obéissance à la loi divine ?

— Avant de faire la prétendue charité, est-ce que je pense à être *juste* à l'égard de ceux envers qui j'ai tout particulièrement le devoir d'assistance ou de rétribution ?

— Est-ce que je sens combien le *quod super est* de l'Evangile est loin d'être seulement ce qui paraît superflu à notre égoïsme, à notre vanité et à notre mollesse ?

— Est-ce que je donne seulement ou de préférence quand je puis en recueillir des éloges ?

— Est-ce que ma bienfaisance s'exerce surtout dans les rendez-vous, les rencontres, les divertissements ?

— Est-ce que je donne des choses corrompues, gâtées, ou dangereuses pour d'autres raisons ?

— Est-ce que je ne sens pas l'obligation de faire vraiment des sacrifices pour donner, et d'imposer des privations à mes désirs ?

— Quand je donne, n'est-ce pas d'abord pour suivre une coutume, une convenance, une aveugle impulsion du cœur ? — le désir de me délivrer à tout prix d'un ennui, d'un remords ?

— Mon aumône ne tourne-t-elle pas de ce fait à encourager la paresse, le vice, la fraude ? — ou des institutions mal inspirées ?

— Est-ce que je cherche par conséquent, non pas à donner de la façon la plus prompte mais à m'éclairer sur les personnes ou sur les institutions ? — est-ce que j'étudie les questions, les conditions en sorte que mon aumône, mes offrandes, mes dispositions testamentaires soient orientées vers le vrai et plus grand bien ?

— Est-ce que je donne avec morgue ? — avec dureté ? — avec mauvaise humeur ? — avec la prétention d'être applaudi et remercié ?

— Si je dois faire aux pauvres des remontrances ou

des reproches, ou leur donner des avertissements est-ce que je le fais sans tenir compte des innombrables circonstances atténuantes, avec peu de charité ?

— Sais-je respecter leurs droits de personnes humaines ? — ou si je prétends leur faire oublier une dignité que nous devrions au contraire les aider à sentir ?

— Est-ce que je sais aimer, honorer les pauvres, ceux en qui le Sauveur a voulu se personnifier ?

— Est-ce que je sens l'obligation de ne pas toujours donner de loin, ou hors de la maison du pauvre, mais de me rendre de temps à autre en personne près de mes frères malheureux ? — de faire moins de vaines visites à mes égaux dans la hiérarchie sociale, et de ne pas oublier ou dédaigner les visites à ceux qui plus que ceux-là ont besoin d'aide et d'encouragement ?

— Si je le puis, est-ce que je me souviens des malades des hôpitaux, des hospitalisés — enfants et vieillards — des prisonniers, au moins en leur faisant parvenir des lectures propres à relever leur esprit, à les réconforter, à les divertir ?

— Si je le puis, est-ce que je m'occupe de quelqu'une de ces sages institutions qui rassemblent le peuple pour le détourner des réunions vulgaires et dangereuses, et en l'instruisant, en le divertissant sainement, l'acheminer au bien moral et au bien-être matériel qui doit en résulter ?

— Dans l'exercice de la bienfaisance, est-ce que j'exclus les coupables ou les errants, ou ceux qui me semblent tels, ou les personnes de religion différente, ou sans religion, — faisant ainsi à la charité, non moins qu'à la religion qui la prescrit, la plus grave offense, en faisant même de ma prétendue charité la négation même de la charité ?

— Si je refuse le secours matériel pour ne pas encourager le vice ou la paresse, est-ce que je cherche à aider moralement ?

— En établissant des règles pour l'entrée dans des institutions de bienfaisance — ou en les suivant pédantesquement, est-ce que je fais en sorte que les préjugés ou la bureaucratie puissent faire manquer à la vraie charité ?

— Si je dois, par office, distribuer des secours, est-ce que je le fais à la hâte, légèrement, en me laissant influencer par des motifs qui ne sont ni sérieux ni justes?

Orgueil.

— Est-ce que je laisse l'orgueil dominer mon âme?

— Est-ce que je m'enorgueillis de dons physiques intellectuels, moraux, que je dois à la nature?

— Est-ce que je me flatte de vertus parmi lesquelles je n'ai peut-être pas plus de mérite que bien d'autres parmi leurs défauts?

— Est-ce que je néglige de penser à tant de grâces et de secours que j'ai eus de plus que d'autres?

— Est-ce que je me sens satisfait de ce que je suis sans songer à ce que je devrais être?

— Est-ce que je préfère me comparer avec qui est à mon niveau ou au-dessous, au lieu de me comparer avec qui m'est moralement ou intellectuellement supérieur?

— Ou si je ne cherche pas plutôt à profiter de tout bon exemple, d'où qu'il vienne, même, comme il arrive souvent, s'il vient d'une personne moins estimée que moi?

— Est-ce que je cherche à éviter les illusions de la fausse modestie, de l'orgueil public, et de former en moi la solide humilité qui est la condition indispensable, la pierre angulaire de la vraie vertu?

— Est-ce que je parle de moi-même avec complaisance? — avec hablerie? — est-ce que je cherche ou provoque les éloges, les flatteries?

— Est-ce que je laisse séduire mon caractère à qui flatte ma vanité?

— Est-ce que je supporte mal les corrections? — les avertissements? — les critiques?

— Est-ce que je manque, par orgueil, de reconnaître la vérité et mes torts?

— Est-ce que je me laisse effrayer, ébranler par les humiliations?

— Est-ce que je cherche à m'élever à l'équité — à la sérénité de jugement — quand même les critiques et les antipathies d'autrui mettent en jeu ma personne ou des personnes qui m'appartiennent ou me sont chères ?

— Est-ce que je traite avec mépris ou hauteur, des personnes de condition, de rang, d'intelligence, de fortune inférieures aux miens ?

— La superbe me rend-elle tyrannique ?

— Est-ce que je cherche les satisfactions de l'orgueil ? — de la vanité ? — de l'ambition ? — Est-ce que je compromets par là l'esprit et la dignité de ma charge ?

— Ou si je cherche à combattre en moi-même les misères de l'amour-propre, — à ne pas me laisser rebuter par elles, ni décourager dans le devoir à accomplir, dans le bien à faire ?

— Est-ce que je tiens au monopole des initiatives, des bonnes idées ? — est-ce que je les dispute à autrui ? — Dans mes bonnes œuvres, est-ce que je me laisse inspirer, guider par des motifs personnels ?

— Est-ce que par ma présomption, ma susceptibilité, mes pointilles, je compromets le bien privé ou public ?

— Est-ce que j'oublie que dans l'exercice du bien, la personne doit disparaître ?

— Dans l'insuccès, est-ce que je me laisse abattre, décourager, ébranler, à l'égard du devoir, de l'idéal ?

— Est-ce que par ambition, — par zèle mal entendu ou intempérant, — je me crée des devoirs qui me font négliger l'accomplissement de mon devoir prochain ? — ou des devoirs imaginaires qui me font négliger les réels ?

— Est-ce que de faciles enthousiasmes pour l'idéal, mêlés de satisfactions extérieures, d'amour-propre ou d'inclination, me font mépriser ou négliger les vertus domestiques, les humbles sacrifices ?

Savoir.

— Est-ce que je me donne à cause de ma culture, de ma doctrine, l'illusion de savoir beaucoup ? — ou si je ne sens pas plutôt les grandes lacunes de toute science, particulièrement dans le champ de la vie ?

— Est-ce que je prétends résoudre par la seule raison et la science les grands problèmes ?

— Est-ce que je cherche à cultiver, selon mon possible, avec l'intelligence, l'esprit et le cœur ?

— Est-ce que par des études infécondes, et qui ne sont guère capables que de satisfaire la curiosité, des goûts de dilettante, ou la vanité, je néglige l'étude de la vie sociale présente avec tous les maux croissants, envahissants où il est urgent de porter remède ?

— Est-ce que je m'efforce de contribuer à répandre, dans la même intention, les fruits des études et des expériences d'autrui, convaincu que c'est là — en même temps que l'action vigilante, assidue, infatigable contre le mal — le plus grand devoir des chrétiens et des citoyens ?

Chasteté.

— Est-ce que je sens et médite la suprême importance de la moralité dans la vie individuelle, domestique, civile, sociale ?

— Est-ce que je veille sur mes sens — par la sobriété — l'abstention ou l'usage très modéré des aliments et des boissons excitantes — par toutes les autres règles de l'hygiène et de la vie ?

— Est-ce que je m'informe de ces règles ? — est-ce que je cherche à les faire connaître à autrui, en particulier aux jeunes gens et aux parents, ou à ceux qui ont charge de jeunes gens ?

— Est-ce que je combats, jusqu'à les dompter, les pensées impures ou dangereuses ?

— Est-ce que j'évite les conversations, les lectures, les images, les spectacles, les occasions, les actes déshonnêtes ou dangereux ?

— Est-ce que j'y oppose, selon mon possible, les contraires ?

— Est-ce que j'ai recours aux secours spirituels, — sacramentels ?

— Ou si plutôt j'excite les passions ?

— Est-ce que j'induis ou risque d'induire à mal les personnes de mon sexe — par des discours, — des lectures, — des exemples — des occasions ?

— Est-ce que j'excite les passions dans les personnes de l'autre sexe par des coquetteries, — des agaceries, — des incorrections ou des artifices provoquants, dans les vêtements ou les attitudes ?

— Est-ce que j'ai séduit ou tenté de séduire des personnes de l'autre sexe ?

— Si je l'ai fait, est-ce que je cherche, selon mon possible, à le réparer — à parer, selon mon possible, à toutes les conséquences ?

— Si je ne le puis pas, est-ce qu'au moins je prie pour les âmes ruinées ou perdues dans le monde par ma faute ?

— Est-ce que je cherche à en sauver d'autres ? — à faire servir le mal que j'ai fait à m'encourager à la lutte contre le mal ?

Ou si avec le pharisaïsme de l'égoïsme spirituel je ne veux songer qu'à mon âme et à ma réputation ?

— Est-ce que je pense avoir droit au respect et au bonheur, après avoir laissé dans l'ombre, des ruines sur mon passage ?

— Est-ce que je seconde par des encouragements, des occasions, — des facilités procurées, — les passions et les pratiques déshonnêtes d'autrui ?

— Est-ce que je blesse la morale par des paroles, — des écrits, — des dessins, — des représentations, — des permissions ?

— Est-ce que je tiens ou laisse tenir dans ma maison, — dans les lieux de réunions dont je suis maître, des propos, des écrits, des représentations, des dessins immoraux ?

— Est-ce que je me fais complice en approuvant, — en admirant, — en honorant qui le fait ? — par des acquisitions ? — des invitations ? — des interventions ?

— Est-ce que je sens la responsabilité énorme de celui qui, de quelque façon que ce soit, favorise ou excite les passions ?

— Est-ce que j'ose m'appeler chrétien si je considère et encourage mes fils à considérer comme légitime et tolérable un état de choses qui invite et tient dans l'abjection un grand nombre de créatures humaines, empoisonne les corps et les âmes des générations, menace la patrie, foule aux pieds la justice ?

— Est-ce que je sens le devoir de coopérer, autant qu'il est en moi, sur les bases de la vraie science qui méprise une fausse science, esclave complaisante des passions et des préjugés — à une réforme dans les idées, dans l'éducation, dans la vie physique et morale, qui facilite la plus grande et la plus urgente des conquêtes du progrès humain, c'est-à-dire l'acceptation de cette morale unique pour les deux sexes, annoncée par l'Evangile ?

Intempérance et gourmandise.

— Suis-je intempérant, gourmand, dans la nourriture ? — dans la boisson ?

— Est-ce que je gaspille ou profane mon temps ou ma fortune en des recherches gastronomiques ?

— Est-ce que pour la nourriture ou la boisson je mets en péril ma santé physique, morale, — celle des miens ?

— Est-ce que je mets en péril la santé physique et morale des autres, par des occasions, — des invitations, — des excitations, — des exemples ?

— Est-ce que je pense aux terribles conséquences que l'intempérance, particulièrement dans l'usage de l'alcool, a sur la descendance ?

— Est-ce que je m'informe de toutes les conséquences de l'intempérance ? — est-ce que je cherche à en informer ou en faire informer les autres ?

— Est-ce que je songe à l'importance souveraine pour le corps et pour l'âme, de la sobriété ?

Habitudes vicieuses et dangereuses.

— Est-ce que je fume avec excès ?

— Est-ce que je fais, sans nécessité, usage des anesthésiques ?

— Est-ce que je me crée, de façon ou d'autre, des habitudes sensuelles, — sans penser au misérable esclavage, aux diminutions, aux pertes qu'elles produisent pour nous et pour les autres ?

— Est-ce que j'excite les autres à ces habitudes, ou les y encourage ?

— Est-ce que pour la satisfaction de mes appétits ou de ceux des miens, ou d'autres, je gaspille du temps ? — de l'argent ?

— Est-ce que je mets en péril ma santé ou mon honneur par de dangereux artifices de vanité ?

— Est-ce que je les mets en péril par un excès de divertissements ?

— Est-ce que pour les uns et les autres je gaspille du temps? — de l'argent ?

— Est-ce que j'y excite les autres, ou leur en donne des occasions ?

— Est-ce que je me livre aux jeux de hasard ?

— Est-ce que je donne aux autres moyen de le faire ? — et cela par plaisir ? — par profit ?

— Est-ce que je fais des lectures déshonnêtes, — malsaines ?

— Est-ce que j'abuse de la lecture des romans ?

— Est-ce que j'en donne occasion aux autres ?

Paresse.

— Est-ce que je manque par paresse aux obligations de mon état?

— Est-ce que je manque à quelque autre devoir — ou engagement pris ? — ou est-ce que je les accomplis partiellement ou négligeamment ?

— Est-ce que par paresse je mets en danger, pour moi ou les autres, la santé, — la sécurité, — les intérêts moraux, matériels — en créant, — en n'ôtant pas, — des dangers ou des dommages ? — en n'avertissant pas les autres à temps ?

— Est-ce que je néglige par paresse quelqu'un des devoirs religieux, domestiques, civils, sociaux, charitables ? — Est-ce que j'en diffère l'accomplissement ?

— Est-ce que je me laisse prendre à l'habitude de temporiser ?

Existence vide.

— Est-ce que je me lève tard sans nécessité ?
— Est-ce que j'ai des habitudes de mollesse ?
— Est-ce que je fuis l'effort? — l'ordre ? — la persé-
vérance qu'impose la discipline ?

— Est-ce que je m'éloigne, matériellement ou moralement, trop souvent de la maison ? — du centre de mes
devoirs ?
— Est-ce que je me perds en travaux frivoles? — en
activités vaines ou frivoles ?
— Est-ce que je perds mon temps à de nombreuses
visites sans but ?
— Est-ce que je néglige ainsi les personnes et les
choses dont je dois m'occuper ?
— Est-ce que mon existence est vide, — inutile, —
oublieuse de la valeur de la vie ?
— Est-ce que je laisse dormir mon àme? — est-ce que
je la laisse croupir?
— Est-ce que je la prive de la vie intellectuelle ?
— Est-ce que je néglige de me tenir, autant qu'il
m'est donné, au courant des besoins et des devoirs de
l'heure que nous traversons ?
— Est-ce que j'oublie le commun devoir du travail et
de la coopération humaine ?
— Est-ce que je me rappelle l'obligation de ne pas
perdre le temps, les forces, l'intelligence, tous les moyens
d'action ?

Existence vaine.

— Est-ce que je me laisse dominer par un esprit de
frivolité ? — de caprice ? — de dissipation ?
— Est-ce que je me lie de préférence avec les personnes qui, plutôt que de sérieuses garanties d'amitié,
d'aide morale, offrent des appâts à l'ambition ou à la
vanité, à l'amour du plaisir, de la mode ?
— Est-ce que je me dissipe en excès de divertissements ?
— Dans le divertissement, suis-je en garde contre
les dangers ? — Dans le plaisir, est-ce que je maintiens

la mesure et la décence de qui se souvient des principes
et des devoirs ?

— Est-ce que je prends part à des divertissements
que renie la loi chrétienne ?

— Est-ce que je sacrifie à la vanité, à la mode, la
pudeur, la décence, le sérieux de la tenue ?

— Est-ce que je donne trop d'importance, de temps,
d'attention aux soins de la vanité et de la mollesse ?

— Est-ce que je crée à moi, ou aux miens, des habitudes de raffinement ?

— Homme, est-ce que je fais pour moi ou pour ma
famille — femme, est-ce que je réclame de mon père,
de mes frères, de mon mari, ou est-ce que j'accepte
d'eux des dépenses excessives — pour l'abondance ou le
raffinement de la garde-robe, — pour suivre toujours
la dernière gravure de mode — pour le luxe de la maison, — de la vie, — pour la recherche, — pour les divertissements — pour de mesquines rivalités ?

— Est-ce que je compromets ainsi l'avenir moral et
matériel de la famille ?

— Est-ce que je manque ainsi aux devoirs de justice
et de charité ?

— Ou si je ne cherche pas plutôt à maintenir toujours
en moi et autour de moi, de nous — la propreté, l'ordre,
la simplicité, tout ce qui est santé, honneur, beauté et
vraie joie ?

— Est-ce que je maintiens dans ma vie l'ordre et la
discipline qui suscitent les énergies intimes, et ménage
le temps et les forces ?

— Vieillard ou homme mûr, est-ce que j'offense mon
âge par des choses qui lui ôtent sa respectabilité, sa
dignité ?

— Est-ce que je fuis l'idée de la mort ?

— Ou si je ne pense pas plutôt à m'y préparer —
pour ce qui touche à la vie future — et aux dispositions
à laisser après moi ?

— Est-ce que je tarde sans nécessité à faire mon
testament ?

— En le faisant, est-ce que je considère toute la res-

ponsabilité de l'acte ? — est-ce que je pense à la justice ?
— au bien ? — à la bonne parole à faire entendre ?

Envie.

— Est-ce que je ressens, ou seconde — pour mon
compte ou celui des miens — l'envie coupable qui
souffre du bien d'autrui, et se réjouit de son mal ?

— Est-ce que je souffre des dons, des qualités d'autrui ?
— des honneurs attribués aux autres ?

— Est-ce que je me plains par envie du bien fait par
d'autres ? — des succès d'autrui ?

— Est-ce que je me réjouis de leurs défauts, — de leurs
fautes, — de leurs humiliations, — de leurs insuccès ?

— Est-ce que j'ai par envie cherché à faire tort aux
autres ?

— Est-ce que j'ai cherché par envie à dénigrer quelqu'un, — à dénigrer, par comparaison avec les miens, ses
enfants ? — à nier, à cacher ou à diminuer ses mérites ?
— à rabaisser ses œuvres, ou à leur faire tort ?

— Est-ce que par envie je me laisse aller à de vaines
rivalités ?

Colère.

— Est-ce que je me laisse pousser par la colère,
à de méchantes pensées ? — à des paroles injurieuses,
amères, injustes ? — à des actes de violence ?

— Est-ce que je me suis battu en duel ? — est-ce que
j'ai assisté des duellistes ?

— Est-ce que j'ai favorisé le duel en le proclamant
nécessaire ? — ou en traitant de lâches ceux qui par
fidélité à leurs propres convictions, et par obéissance à
Dieu et à l'Eglise, refusent de se conformer à un usage
indigne de peuples chrétiens, policés, en progrès ?

— Est-ce que j'ai de la haine ?

— Est-ce que je cultive la rancune ? — les suppositions
malveillantes ? — ou si je ne cherche pas plutôt à les
combattre ?

— Est-ce que je me laisse influencer dans ma conduite
par le ressentiment ? — par des colères personnelles, des
colères de famille, de confession, de nationalité, de
parti ?

— Est-ce que je souhaite le mal ? — la mort ?— est-ce que je l'ai procurée ? — est-ce que je la procure ?

— Est-ce que j'ai le désir de me venger ? — est-ce que je me venge ?

— Est-ce que je porte des coups ? — est-ce que je les rends ?

— Est-ce que je cultive l'irritation, le chagrin de la colère ?

— Dans les discussions, les polémiques, est-ce que je conserve le langage de la charité ?

— Est-ce que j'ai pardonné sincèrement, entièrement toute offense, tout dommage fait à moi ou aux miens ?

— Est-ce que j'obéis au précepte du Christ de rendre le bien pour le mal ? — et d'aimer nos ennemis ?

— Est-ce que j'ose m'approcher de l'autel lorsque je sens de la rancune ? — tout au moins sans la combattre ?

— Est-ce que pour ma part j'ai fait tout le possible pour faire la paix avec ceux avec qui j'ai pu avoir des dissentiments, des difficultés ?

— Ou si j'admets que le chrétien puisse conserver des inimitiés ?

— Est-ce que je cherche à mettre la paix entre les autres ?

Jugements.

— Est-ce que je suis, dans mes jugements, injuste, — partial, — trop sévère, — précipité, — superficiel ? — sans souci des circonstantes atténuantes, intérieures ou extérieures ? — des mystères intimes que Dieu seul peut connaître ?

— Est-ce que j'oublie de penser en même temps à mes torts qui sont peut-être, eux, bien loin d'avoir autant de circonstances atténuantes ?

— Est-ce que je pense aux différences de nature, — de tendances, — d'éducation, — d'ambiance, — d'occasions ?

— Est-ce que je pense aux responsabilités personnelles ou collectives envers ceux que nous nous permettons de condamner ? — de déprécier ?

— Est-ce que je cherche à m'élever le plus possible à l'égalité d'âme ?

— Est-ce que j'ai la prétention de pénétrer les jugements de Dieu?

— Est-ce que je fais aux autres des reproches, ou
est-ce que je leur inflige des punitions avant d'avoir
vérifié les faits?

Méchanceté. — Légèreté.

— Est-ce que je prends aux actes d'autrui un intérêt
de méchanceté?

— Est-ce que je me réjouis d'entendre raconter le
mal?

— Est-ce que je suis imprudent, téméraire à le
raconter, à le rapporter?

— Est-ce que je critique pour le futile plaisir de cri-
tiquer?

— Est-ce que je suis curieux, indiscret?

— Est-ce que j'écoute indûment aux portes? — dans
l'obscurité? — aux abords d'un confessionnal?

— Est-ce que j'abuse de la confiance qu'on a en moi?

— Est-ce que je révèle des secrets que j'ai reçus en
dépôt? — que j'ai surpris?

— Est-ce que je chansonne? — est-ce que je me
moque? — est-ce que je suis narquois? — sarcastique?
— est-ce que je dis des choses blessantes?

— Est-ce que je fais aux autres — ou leur fais faire —
des choses qui les humilient?

— Est-ce que je fais — ou est-ce que je tolère que
l'on fasse dans ma maison — des plaisanteries cruelles?
— de mauvais goût?

— Est-ce que je fais à autrui des méchancetés?

— Est-ce que j'use de mauvais traitements? — de
dureté?

— Est-ce que je maltraite, — est-ce que je tourmente
les animaux?

— Est-ce que j'abuse en quelque façon de la faiblesse,
de l'impuissance physique ou morale d'autrui?

— Est-ce que je suis querelleur? — agressif?

— Est-ce que je contredis pour le plaisir de contredire?

— Est-ce que je discrédite les autres — par des médisances ? — par des épithètes injurieuses ? — par des jugements téméraires ? — par des calomnies ? — par des insinuations ?

— Si je l'ai fait, ai-je rétracté ? — suis-je prêt à rétracter ?

— Est-ce que j'accuse, — est-ce que je laisse accuser les autres — de mes fautes ? — de mes erreurs ?

— Est-ce que mon silence rend possible que les autres en soient accusés ?

— Est-ce que j'accuse ou laisse accuser les autres — est-ce que je fais ou laisse faire des insinuations injustes, — en vue de couvrir mes fautes, ou celles des miens, ou de personnes qui m'intéressent, ou dont il est utile de gagner les bonnes grâces ?

— Est-ce que je laisse se développer autour de moi de la malignité, sans au moins tenter de l'arrêter ? — d'excuser ? — de faire suspendre les jugements ?

— Est-ce que je néglige de défendre, en ayant le pouvoir, les causes ou les personnes attaquées avec injustice ou exagération ?

— Est-ce que je cherche à être, autant qu'il est en moi, un instrument de justice, de sérénité, de pardon ?

Amour du prochain.

— Est-ce que j'obéis au devoir chrétien qui résume tous les autres, l'amour du prochain ?

— Est-ce que je cherche à faire aux autres ce que je voudrais — ou de ne pas faire ce que je ne voudrais pas — qu'on me fît à moi-même ?

— Est-ce que je cherche à agir toujours avec délicatesse ?

— Est-ce que je me souviens que même l'aménité des manières est une forme de l'amour du prochain, quand du moins elle manifeste l'aménité des sentiments ?

— Est-ce que je cherche à comprendre jusqu'au fond la signification et l'esprit de la charité ? — de m'y conformer autant que possible dans ma conduite, et d'être bon par-dessus tout ?

— Est-ce que je cherche à tendre la main à ceux qui sont en danger ?

— Est-ce que je pense à la responsabilité, que plus ou moins, nous avons tous dans le mal que fait, — dans le danger que court notre prochain ?

— Est-ce que je comprends quel comble d'injustice il y a à mépriser et à abandonner ceux-là mêmes que la société de tant de façons contraint de tomber ?

— Est-ce que je suis sévère envers les coupables ? — envers les délinquants ? — envers ceux qui sont tombés dans la disgrâce du public ? — est-ce que je les outrage ? — est-ce que je les décourage ? — est-ce que je les abandonne ?

— Est-ce que je les repousse, ou les évite par un mépris pharisaïque ? — par respect humain ?

— Ou si je ne suis pas plutôt le précepte qui enseigne à faire d'eux l'objet de la plus grande charité ? — « de la charité qui jamais ne défaille » ?

— Est-ce que je prends garde, sans plus, au déluge de soupçons et de calomnies dont la bassesse du monde a coutume d'accabler ceux qui sont tombés ?

— Est-ce que je fais porter aux enfants le poids des fautes de leurs pères ?

— Est-ce que je sens l'amour du Christ pour les pécheurs, pour les tombés, pour les rebutés, pour ceux qui sont éloignés de la foi ?

— Est-ce que je cherche à panser les blessures cachées, en les touchant de cet amour ?

— Est-ce que je cherche à faire pénétrer Dieu dans les ténèbres, — l'espérance et le réconfort dans les découragements et les douleurs ?

— Est-ce que j'irrite, est-ce que j'exaspère les âmes — ou si je ne cherche pas plutôt à les calmer, à les rasséréner ?

— Est-ce que je sais compatir aux infirmités morales ? — est-ce que je cherche à les guérir ?

— Est-ce que je cherche à aplanir les aspérités, à ôter les méfiances ?

— Est-ce que je cherche à m'élever à cette bienveillance, à cette mansuétude, à cette douceur qui sont la plus grande force en face des passions d'autrui ?

— Est-ce que je me laisse prendre à des sentiments d'antipathie, de malveillance ?

— Est-ce que je me laisse prendre à des prédilections capricieuses ?

— Est-ce que, pour m'occuper à l'excès des uns, je néglige les autres ?

— Est-ce que je blesse la charité en me laissant dominer — par les préjugés de parti, de nationalité, de race, de confession ? — ou en les excitant ?

— Est-ce que par là je laisse troubler la sérénité de mes jugements ? — la droiture de mes actes ?

— Est-ce que j'excite ainsi, ou encourage l'hypocrisie par des dons ou des faveurs exclusives ?

— Est-ce que je me laisse prendre à un esprit de froideur ? — de scepticisme ? — d'amertume ?

— Est-ce je m'abandonne à un esprit de caprice, d'extravagance, de mauvaise humeur ?

— Est-ce que je suis impatient, — intolérant, — larmoyant, — difficile ?

— Est-ce que je me regarde superstitieusement comme infortuné ? — est-ce que je me pose en victime de tous ?

— Est-ce que je suis égoïste ? — exigeant ? — sans égards envers les autres ? — est-ce que je le suis même envers ceux à qui je dois le plus de respect, de reconnaissance ?

— Est-ce que je réserve toute mon amabilité pour le temps où je suis hors de la maison ?

— Est-ce que je me crois autorisé à me laisser aller avec les miens à l'égoïsme ? — à l'humeur chagrine ? — à l'impolitesse ?

— Est-ce que je coupe entièrement, par amour du repos, les communications avec le dehors ? — rendant impossible à ceux qui me cherchent de m'en faire connaître la raison, ou en ne me faisant pas parvenir les lettres, ou en ne les ouvrant pas ?

— Est-ce que je me soustrais aux sacrifices obligés ?

— Est-ce que je manque d'égards, de patience avec

les vieillards ? — avec les malades ? — avec les malheureux ?

— Suis-je prude ? — intolérant ?

— Est-ce que je manque de charité, — de la vertu d'écouter, — envers les personnes insuffisantes ou ennuyeuses ?

— Est-ce que je pense au devoir sacré de la reconnaissance ? — ou si j'oublie le bien reçu ? — ou si je le sens comme un poids ? — ou si par un misérable orgueil, je fais dessus le silence ?

— Est-ce qu'à prendre l'habitude de les recevoir je me laisse gâter par les bienfaits ?

— Est-ce que j'abuse de la bonté d'autrui pour moi ?

— Ou si je ne cherche pas plutôt à rendre le bien qui m'est fait ?

— Est-ce que j'oublie les morts — dans ma pensée ? — dans ma prière ?

— Est-ce que je manque au respect dû à la mort ?

— Est-ce que je néglige le culte délicat que la foi et la charité inspirent à ceux qui restent ?

— Est-ce je prête à ceux qui souffrent et meurent autour de moi, tous les soins, toutes les consolations qui sont en mon pouvoir ?

Est-ce que je traite avec le respect qu'il faut les cadavres et les tombes ? (1)

Zèle pour le bien privé.

— Est-ce que j'ai conscience du bien qu'on peut faire même avec une parole, un sourire, un regard, un geste — et aussi de ce qu'une parole, un sourire, un regard, un geste peuvent faire de mal, — ou causer de souffrance ?

— Est-ce que je pense à la lourde responsabilité de

(1) On ne saurait se dispenser d'ajouter ici un mot sur un sujet que — par ignorance — on néglige trop : c'est la nécessité d'une vigilance consciencieuse et énergique, pour éviter le plus barbare et le plus désespéré des supplices en ces cas de mort apparente qui — d'horribles découvertes relativement fréquentes en font foi, dans les cas, pourtant si rares, où l'on a occasion d'ouvrir des cercueils — sont beaucoup plus fréquents qu'on ne croit : *l'unique* signe certain de la mort réelle est le commencement de la putréfaction.

celui qui, d'une façon ou de l'autre, excite dans les autres quelque passion ?

— Est-ce que je néglige de regarder autour de moi, de penser à ce que signifie, et aux devoirs qu'implique le mot de *prochain* ?

— Est-ce que je cherche à rapprocher les *lointains*, — à faire tomber, avec les préjugés et les antipathies, les barrières qui nous divisent ? — ou si je me suis enfermé dans un camp retranché, injuste, hostile envers tout ce qui est au dehors ?

— Est-ce que je reste distrait ou indifférent à l'égard de tous ceux — particulièrement les subordonnés — qui sont près de moi, devant qui je passe et repasse, et qui pourraient avoir de moi un tant soit peu de bienfaisance, de lumière ou de chaleur ?

— Est-ce que je pense à élever moralement et intellectuellement les personnes, moins privilégiées que moi, qui m'entourent ?

Est-ce que je pense à faire en sorte qu'ils deviennent à leur tour des instruments de bien, qu'ils se sentent eux aussi des ouvriers de la grande tâche humaine ?

— Est-ce que je profite de quelqu'une au moins de tant d'occasions qui se présentent, pour faire sentir spécialement aux personnes des autres classes, aux *frères plus humbles*, la fraternité dans le Père ?

— Est-ce que je pense que tous sont ses créatures, — toutes rachetées du Christ ? — et que personne n'a le droit d'outrager, de scandaliser, d'abandonner une âme, un frère ?

— Est-ce que je me souviens que pour un chrétien, personne ne peut être un *indifférent* ?

— Est-ce que je pense que de personne et pour personne il n'est permis de désespérer ?

— Est-ce que j'ai causé à autrui volontairement — par négligence — un dommage moral ? — matériel ?

— Si je le pouvais, l'ai-je réparé ? — suis-je disposé à le réparer ?

— En parlant ou en écrivant, est-ce que je pense au grave dommage que je puis faire aux âmes par des louanges excessives ? — des critiques ou des paroles amères ou ironiques ? — et particulièrement en public ?

— Si nous avons, moi-même ou quelqu'un des miens, une maladie contagieuse, est-ce que j'évite autant que possible que le danger soit communiqué ?

— Est-ce que je néglige, le pouvant, d'éviter à autrui quelque mal que ce soit ?

— Est-ce que je garde des silences coupables — par indifférence paresseuse ? — par peur ? — par égards mal entendus ?

— Est-ce que je néglige d'avertir les autres de tout ce dont je voudrais être averti moi-même ?

— Est-ce que je laisse mourir les miens, — ou ceux envers qui j'ai la responsabilité ou le moyen de le faire — sans les avertir qu'ils sont appelés ? — Est-ce que je ne sens pas qu'il est coupable de seconder des craintes sentimentales et des égards qui sont une offense à la dignité humaine, à nos destinées immortelles, et qui sont une trahison ?

— Est-ce que je néglige par égards mal entendus, — par respect humain, — par un abstentionnisme égoïste qui veut passer pour discrétion — de faire un acte, de dire une parole qui pourraient être utiles à éclairer, à relever ?

— Si je le fais, est-ce que je cherche à me dépouiller de toute prétention, même apparente, à la supériorité ?

— Est-ce que je montre un zèle importun, indiscret, qui porte atteinte à la liberté des âmes ?

— Est-ce que je sais respecter le travail de Dieu dans les âmes, et ne le point déranger par des interventions mal choisies, mal réglées, ou prématurées ?

— Est-ce que je néglige pour le prochain — spécialement pour les plus malheureux, les plus coupables, les plus éloignés — la charité de la prière ?

Zèle pour le bien public.

— Est-ce que je sens le devoir, — et est-ce que je l'accomplis dans la mesure du possible — qu'a tout chrétien et tout citoyen de penser activement à tant d'embûches que le mal tend de toutes parts, empoisonnant ainsi les générations nouvelles ?

— Est-ce que je cherche à sauver de la perdition les créatures, autant que je puis — sans parler des égards et de la vigilance que je dois garder pour mon propre compte — en aidant directement ou indirectement les œuvres de préservation, spécialement de la femme et de l'enfant ?

— Est-ce que je cherche à m'informer des moyens d'amélioration morale ou matérielle par où je pourrais contribuer — en éclairant et en excitant autour de moi, si peu, si modestement que ce fût — au progrès de la société et en particulier de la patrie, grâce à celui de la justice, du bien-être, de la moralité ?

— Est-ce que je prends part de la façon et dans la mesure que je puis, à la lutte et à la propagande contre les mauvaises mœurs, — l'alcoolisme, — la pornographie et les spectacles licencieux, — les propos obscènes et les blasphèmes, — la mendicité frauduleuse et paresseuse, — et toute forme de mal qui souille notre pays ?

— Est-ce que j'aide par conséquent, comme et autant que je le puis, les institutions qui se proposent l'assainissement moral, — les publications, les conférences, les congrès, toutes les initiatives, quelles qu'elles soient, de propagande pour le bien ?

— Est-ce que je cherche à accomplir de toutes les autres façons qui sont en mon pouvoir — sans oublier jamais la prière qui demande à Dieu la lumière, la vertu, l'aide, la bénédiction — mes devoirs envers la société et la patrie ?

— Ou si je me laisse, à l'égard de ces devoirs, séduire par l'avarice, la paresse ? — par les sophismes de ceux qui invoquent une prétendue expérience ? — par la négation du droit d'intervention, au nom d'une liberté qui n'est que licence, laquelle blesse et tue la vraie liberté ?

— Ou si je me laisse intimider par les critiques où les dérisions de ceux qui ne comprennent pas ces devoirs, — ou peut-être ne les connaissent pas ?

— Est-ce que je me laisse décourager par tant de difficultés qui se rencontrent, — tant de déceptions ?

— Est-ce que je cherche — même si des devoirs plus

prochains ou plus urgents ne s'y opposent pas — à détourner les miens de donner, ou de se prêter pour l'intérêt commun, — ou pour de bonnes œuvres ?

— Est-ce que je laisse l'égoïsme — personnel ou familial — étouffer ou me faire étouffer autour de moi, la voix de la justice, la voix de la charité ?

— Ou si je ne cherche pas plutôt à m'élever et à élever mes enfants, mes élèves, tous les jeunes gens qui m'entourent à sentir l'une et l'autre jusqu'au fond ? — à prendre une large part au réveil des esprits et des consciences ? — à être vraiment des *conscients* ? — à ne trouver la paix, à ne se sentir en règle avec le devoir humain et chrétien, que s'ils combattent sans trêve, les batailles de la justice et de l'amour ?

TABLE DES MATIÈRES

1930-10. — Imprimerie des Orphelins-Apprentis, F. Bleté.
40, rue La Fontaine, Paris-Auteuil.

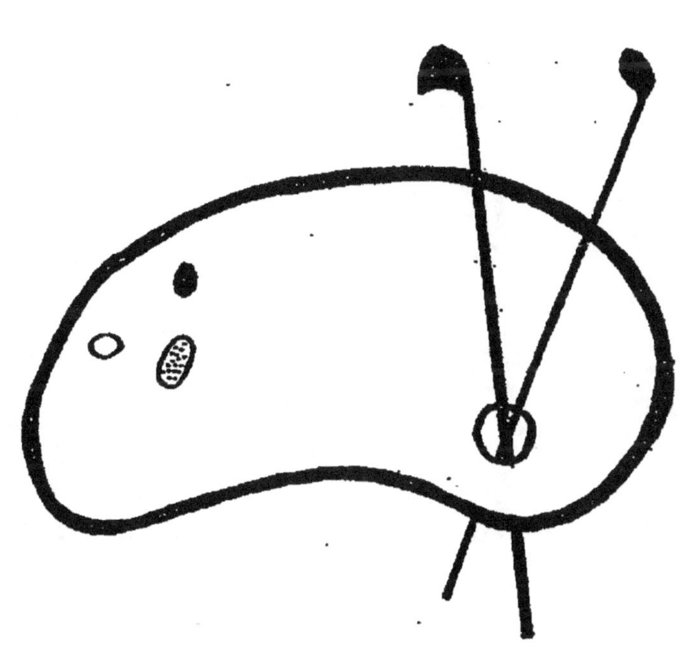

ORIGINAL EN COULEUR
NF Z 43-120-8